Manfred Sohn
Die Sanktionsmaschine – eine Einführung

Manfred Sohn

Die Sanktionsmaschine –
eine Einführung

© Mangroven Verlag 2024
Erste Auflage
Manfred Sohn: Die Sanktionsmaschine – Eine Einführung
Redaktion: Constanze Kraft
Druck: CPI buchbücher.de GmbH
Umschlag: Niki Bong
Titelbild: Yulicon / Shutterstock
www.mangroven-verlag.de
info@mangroven-verlag.de
ISBN 978-3-946946-43-4

Inhalt

Vorwort: Posse um einen Begriff

Am 8. September 2022 hielt die Bundestagsabgeordnete Sahra Wagenknecht für ihre Fraktion „Die Linke" eine sechsminütige Rede, die – für diese Partei seit längerem ungewohnt – nicht nur im Netz millionenfach aufgerufen wurde[1], sondern auch für Schlagzeilen in allen deutschen Leitmedien sorgte. „Wagenknecht sorgt mit ,Wirtschaftskrieg'-Vorwurf für Wirbel", titelte die „Süddeutsche Zeitung". Die „taz" berichtete über eine „verstörende Rede", die die „Rechte entzückt" hätte. Schon einen Tag später meldete das „Handelsblatt": „Linke-Spitze rüffelt Wagenknecht für ,Wirtschaftskrieg'" und erläutert: „Die beiden Linken-Vorsitzenden Janine Wissler und Martin Schirdewan haben sich offiziell von einer Rede ihrer Genossin Sahra Wagenknecht im Bundestag distanziert. Damit übten sie auch Kritik am Fraktionsvorstand, der Wagenknecht für die Debatte über die Wirtschafts- und Energiepolitik aufgestellt hatte. ,Abgeordnete, die für die Fraktion reden, müssen aus unserer Sicht die beschlossenen Positionen der Linken vertreten', sagten Wissler und Schirdewan am Freitag der Tageszeitung ,nd'. Wenn Wagenknecht das nicht guten Gewissens tun könne, dann sollte jemand anderes reden, meinten die Parteichefs."

Was hatte sie so Schlimmes gesagt, dass sich die eigene Parteispitze von ihrer resonanzstärksten Rednerin im deutschen Parlament distanziert?

Sie hatte im Rahmen der Beratungen über den Haushaltsplan 2023[2] das Wort auf die Einbringung des Einzelplans 09 des Bundeswirtschaftsministers erhalten. Formuliert hatte sie laut stenografischem Protokoll des Bundestages

---

1   Der YouTube-Zähler allein der „Welt online" vermeldete 3,6 Millionen Aufrufe (abgerufen am 10.12.23).
2   Das verweist übrigens auf die bis dahin übliche Praxis, im Herbst eines Jahres den Bundeshaushalt des Folgejahres zu beraten und zu beschließen. Allein das Datum dieser Haushaltsdebatte klingt angesichts des Chaos bei der Aufstellung des Bundeshaushaltes 2024 wie eine Bestätigung der heftigen Attacken Wagenknechts angesichts der Amtsführung des Wirtschaftsministers.

in ihrer Rede unter anderem: „Die hohen Energiepreise, viel höhere als in
vielen anderen europäischen Ländern, sind doch nicht vom Himmel gefallen; die sind das Ergebnis von Politik. Sie sind zum einen das Ergebnis Ihrer
völligen Rückgratlosigkeit gegenüber den Absahnern und Krisenprofiteuren.
Die Mineralölkonzerne werden in diesem Jahr in Deutschland 38 Milliarden
Euro mehr Gewinne machen als im Schnitt der letzten Jahre, die Stromerzeu-
ger sogar 50 Milliarden Euro – Geld, das den Bürgerinnen und Bürgern jeden
Tag aus der Tasche gezogen wird." Sie geißelte dann die Pläne der – später
dann wieder einkassierten – Gasumlage, um schließlich unter tumultartigen
Protesten im Plenum zu formulieren: „Wir haben wirklich die dümmste Regierung in Europa, wenn man sich das anguckt. Aber nicht nur, dass Sie zu
feige sind, sich mit den Krisengewinnern anzulegen, das größte Problem ist
Ihre grandiose Idee, einen beispiellosen Wirtschaftskrieg gegen unseren wichtigsten Energielieferanten vom Zaun zu brechen. Ja, natürlich ist der Krieg in
der Ukraine ein Verbrechen. Aber die Vorstellung, dass wir Putin dadurch
bestrafen, dass wir Millionen Familien in Deutschland in die Armut stürzen
und dass wir unsere Industrie zerstören, während Gazprom Rekordgewinne
macht – ja, wie bescheuert ist das denn? Preiswerte Energie ist die wichtigste
Existenzbedingung unserer Industrie. Und wo haben Sie denn Ersatz aufge-
tan, Herr Habeck? Bei amerikanischen Frackinggasanbietern, die aktuell 200
Millionen Euro Gewinn mit jedem einzelnen Tanker machen! Klar, so kann
man die Gasspeicher auch füllen, aber den Ruin von Familien und Mittel-
ständlern, die diese Mondpreise am Ende bezahlen müssen, den werden Sie
damit nicht aufhalten. … Der Hauptgeschäftsführer des DIHK geht davon
aus, dass Deutschland bei Fortsetzung der jetzigen Strategie in wenigen Jahren 20 bis 30 Prozent ärmer sein wird. Ja, ob es uns gefällt oder nicht: Wenn
wir ein Industrieland bleiben wollen, dann brauchen wir russische Rohstoffe
und leider auf absehbare Zeit auch noch russische Energie. Deshalb: Schluss
mit den fatalen Wirtschaftssanktionen! Verhandeln wir mit Russland über
eine Wiederaufnahme der Gaslieferungen! Wir sind nicht unabhängig. Sie
machen sich und uns doch etwas vor. Lieber Herr Habeck, es mag ja sein, dass
auch Ihnen egal ist[3], was Ihre deutschen Wähler denken. Aber Sie haben nicht
das Recht, Millionen Menschen, die Sie mehrheitlich nicht gewählt haben, ih-

---

3   Sie spielt damit an auf eine entsprechende Äußerung der deutschen Außenministerin.

ren bescheidenen Wohlstand und ihre Zukunft zu zerstören. Deshalb: Treten Sie zurück, Herr Habeck! Denn Ihre Laufzeitverlängerung führt mit Sicherheit zum Super-GAU der deutschen Wirtschaft. Danke schön." Wir zitieren ausnahmsweise zum Schluss auch das, was das stenografische Protokoll im Anschluss an diese Rede notiert: „Beifall bei der LINKEN sowie bei Abgeordneten der AfD – Katharina Dröge [BÜNDNIS 90/DIE GRÜNEN]: Mit besten Grüßen aus Moskau, Ihre Rede! – Katrin Göring-Eckardt [BÜNDNIS 90/DIE GRÜNEN]: Putins langer Arm!"

Die nachfolgende Auseinandersetzung um diese Rede ist eine Posse. Weil in der Rede nichts ist, was der damaligen Faktenlage widerspricht, dreht sie sich in den folgenden Berichterstattungen allein um die Zulässigkeit des Begriffs „Wirtschaftskrieg" und um die Ablehnung von Sanktionen durch Wagenknecht.

Den Begriff „Wirtschaftskrieg" haben vor und nach ihr mehrere benutzt – unter anderem auch der deutsche Wirtschaftsminister selbst. Am 1. März hatte der französische Wirtschaftsminister Bruno Le Maire, ohne dass es irgendeine Empörung der deutschen Politik oder Medienlandschaft gegeben hätte, noch von dem „totalen Wirtschafts- und Finanzkrieg" gegen Russland gesprochen, den der Westen jetzt beginnen müsse.[4]

Der von der Führung ihrer damaligen Partei geäußerte Vorwurf, Wagenknecht habe mit ihrer Rede gegen entsprechende Parteitagsbeschlüsse verstoßen, ist schon eineinhalb Jahre später angesichts des späteren Zerfalls der Bundestagsfraktion dieser Partei nicht mehr sehr wichtig. Dennoch lohnt ein Blick in diese vom Parteitag der Partei „Die Linke" (PdL) am 27. Juni 2022 beschlossene Resolution, die am 10. September 2022 Knuth Mellenthin in der Tageszeitung junge Welt so zusammenfasste: „Einerseits heißt es dort: ‚Sanktionen müssen sich gegen Putins Machtapparat und den militärisch-industriellen Komplex und damit die Fähigkeit zur Kriegsführung richten. Sanktionen, die sich vor allem gegen die Bevölkerung richten oder zur Verarmung im globalen Süden beitragen, lehnen wir ab.' Beides trifft insbesondere auf den von der EU beschlossenen und praktizierten Boykott russischer Energieträger wie Erdöl, Erdölprodukte und Naturgas zweifellos in großem Umfang zu. Unter diesem Aspekt setzt Wagenknecht einfach nur den Inhalt der Resolution konsequent um. Andererseits steht dort aber auch, und darauf stützen sich Wagenknechts Gegner: ‚Die Möglichkeiten, den Import von fossilen Energieträgern aus Russland schnellstmöglich stärker einzuschränken, müssen ausgenutzt werden. Auch den Import von umweltschädlichem Frackinggas lehnen wir ab. Es ist richtig, dass angesichts des Ukraine-Krieges Nord-Stream 2 nicht in Betrieb genommen wird.'" Mellenthin wirft die berechtigte Frage auf, wie denn angesichts vorheriger Parteitagsbeschlüsse zum sofortigen Ausstieg sowohl aus der Kernenergie als auch aus der Verstromung von Kohle in den kommenden Wintern die Energieversorgung der 80 Millionen Deutschen aus der Sicht der PdL-Führung gesichert werden solle, um dann fortzufahren: „Worauf baut die Befürwortung der westlichen Sanktionen gegen Russland durch den größten Teil der Parteiprominenz auf? Jedenfalls gewiss nicht auf einer Analyse und Diskussion der damit verbundenen Fragen."

Eine kurze Einführung in die „Analyse und Diskussion" der mit der Sanktionspolitik „verbundenen Fragen" zu liefern, ist der Zweck des hier vorliegenden Buches. Das Manuskript wurde zu Weihnachten 2023 abgeschlossen.

Kapitel 1

Die Mutter aller Sanktionen

Die alliierte Blockade im Ersten Weltkrieg bis zu Artikel 16 des Völkerbunds

Bereits vor dem 24. Februar 2022, als russische Truppen dem seit 2014 tobenden ukrainischen Bürgerkrieg um den Donbass eine neue Qualität gaben, führte der Westen – also die in der NATO zusammengeschlossenen Staaten unter Führung der USA und unter Einschluss Japans – intensive Diskussionen um den Einsatz von Sanktionen im Konflikt mit Russland. Mitten in diese Debatte hinein veröffentlichte der an der US-amerikanischen Eliteuniversität Cornell im Bundesstaat New York lehrende Professor für moderne europäische Geschichte, Nicholas Mulder, ein Buch mit dem Titel „The Economic Weapon – The Rise of Sanctions as a Tool of Modern War", zu Deutsch: Die ökonomische Waffe – der Aufstieg der Sanktionen als ein Mittel des modernen Krieges.

Der in London erscheinende „Economist", eines der wichtigsten Selbstverständigungsorgane der herrschenden Klassen des Westens, widmete dem neuen Werk des in den USA einflussreichen Professors am 19. Februar, also fünf Tage vor dem Beginn der danach vor allem in Deutschland viel beschworenen Zeitenwende eine ganze Seite unter der Überschrift „The wonks' weapons? – A new history of sanctions has unsettling lessons for today", übersetzt: Die Waffe der Besessenen. – Eine neue Geschichte der Sanktionen enthält für heute beunruhigende Lektionen.[5]

---

5   The Economist, 19.02.2022

Zwei Lektionen, so der Economist, würde das Werk vor allem erteilen: Sanktionen hätten meistens nicht das bewirkt, was ihre Schöpfer damit beabsichtigten, und sie hätten oft unbeabsichtigte Konsequenzen. Meistens würden sie „Öl ins Feuer gießen".

Die Warnungen aus New York und London verhallten ungehört. Die Lektüre der umfangreichen Studie lohnt dennoch – allein schon, um die skurrile deutsche Debatte zu versachlichen, die sich um den Gebrauch des Begriffs „Wirtschaftskrieg" durch die Abgeordnete Sahra Wagenknecht im Deutschen Bundestag bei ihrer Rede vom 8. September entwickelt hat. Wer auch nur den Titel des Buches von Mulder gelesen hat, kann nur den Kopf schütteln über die lächerlichen Versuche, die Existenz eines Wirtschaftskrieges als Waffe gegen Russland abzustreiten.

Sanktionen – ein Kind des Imperialismus

Gelegentlich wird so getan, als hätte es Sanktionen schon immer gegeben. Verwiesen wird etwa auf die Maßnahmen, die Athen im Jahre 432 in den Peloponnesischen Kriegen gegen die Häfen der Gegner verhängt hat oder auf die verschiedenen Belagerungen von Städten im Laufe der Klassenkämpfe in der Sklavenhaltergesellschaft oder im Feudalismus. Dies, so Mulder, „konstruiert eine ins Irre führende Kontinuität in Raum und Zeit"[6]. In agrarisch und von örtlichen Handwerkern geprägten Gesellschaften, die sich selbst mit regional hergestellten Produkten menschlicher Arbeit versorgten, konnte der Gedanke, durch Blockademittel die ganze Wirtschaft einer Region komplett lahmzulegen, nur Kopfschütteln hervorrufen. Wer Festungs- oder Städtebelagerungen mit moderner Sanktionspolitik gleichsetzt, landet auf dem alles nivellierenden Niveau des ersten deutschen Bundeskanzlers Konrad Adenauer, der bekanntlich Atomwaffen als eine simple Fortentwicklung der Artillerie hinzustellen versuchte.

Die verlockende Möglichkeit, einen Gegner durch wirtschaftliche Maßnahmen in die Knie zu zwingen, entwickelte sich geschichtlich erst durch

---

6   Nicholas Mulder, „The Economic Weapon. The Rise of Sanctions as a Tool of Modern War", New Haven and London, 2022, S. 13; Übersetzung – wie alle folgenden Zitate aus englischsprachigen Quellen – von Manfred Sohn

die stetige internationale Verflechtung der kapitalistischen Wirtschaften vom 17. bis zum 19. Jahrhundert – also durch das, was Karl Marx und Friedrich Engels als Herstellung des Weltmarktes bezeichneten. In der aufsteigenden Phase dieser neuen Art des Wirtschaftens achteten die treibenden Kräfte – die neu entstehende Klasse der nationalen Bourgeoisien – penibel darauf, dass die kleinlichen Kriege von Staaten gegeneinander das Geschäft nicht allzu sehr störten. Zwischen 1840 und 1914 entstand daher ein ganzes Geflecht internationaler Abkommen, die dem Zweck dienten, „das Privateigentum vor Konflikten zwischen den Staaten zu schützen".[7] Leitlinie war der vom schweizerisch-französischen Aufklärer Jean-Jacques Rousseau in seinem 1762 erschienen Werk „Der Gesellschaftsvertrag" entwickelte Gedanke, dass ein Krieg eine Sache zwischen Staaten sei, die Beziehung zwischen einem Menschen und einem anderen aber nicht berühre, auch wenn sie in diesen Staaten leben würden. Staaten könnten eben nur andere Staaten als Feinde haben, nicht aber andere Menschen. Folgerichtig achtete „Her Majesty's Treasury", also der Schatzmeister Englands, während des Krimkrieges, der von 1854 bis 1856 zwischen Großbritannien und Russland tobte, anders als sein heutiger Nachfolger penibel darauf, alle gegenüber der zaristischen Regierung einmal eingegangen Verpflichtungen zu erfüllen. Der Krieg endete mit der Pariser Deklaration von 1856, die übrigens der erste internationale Vertrag war, der sich ausdrücklich anderen Nationen zur Mitunterzeichnung öffnete. Bis dahin waren Friedensverträge ausschließlich Sache der Frieden schließenden Vertragsparteien gewesen. Bestandteil dieser Deklaration war die Aufstellung von Kategorien „freier Güter", deren Beschlagnahmung „on the high sea", also außerhalb der Küstengewässer, untersagt war.[8]

Dem folgten nach weiteren Kriegen, in denen zum Teil neue kapitalistische Nationen entstanden, weitere entsprechende Verträge, die alle das Ziel hatten, das heilige Privateigentum vor den Folgen der kriegerischen Auseinandersetzungen zu schützen. Generalisiert wurde dies schließlich im Zweiten Haager Vertrag von 1907. Ökonomische Sanktionen, wie wir sie heute als selbstverständlich hinnehmen, also Maßnahmen eines Staates gegen die Handelsbeziehungen eines anderen Staates als Teil einer kriegerischen Auseinandersetzung, waren damals untersagt.

7   ebenda, S. 16
8   ebenda

Deshalb ist in gewisser Weise die naive Empörung der späteren Mittelmächte – das Deutsche Reich mit seinem Hauptverbündeten, der österreichisch-ungarischen Doppelmonarchie – zu verstehen, als die Alliierten, allen
voran England und Frankreich, in den Monaten nach Beginn des Ersten Weltkriegs 1914 und 1915 daran gingen, diese Vertragsgrundlagen des aufsteigenden Kapitalismus aus seiner vorimperialistischen Etappe zu zerreißen. Der
damals ertönende „Foul!"-Ruf hat im Nachhinein etwas Putziges, weil die
Diener der Kaiser von Berlin und Wien eben nicht mitbekommen hatten, dass
sich in der imperialistischen Phase die Rolle des Staates für das kapitalistische System gewandelt hatte. „Europas wachsender Imperialismus", schreibt
Mulder, zertrümmerte die Mauer zwischen Krieg und Geschäft als einer der
Fundamente der kapitalistischen Entstehungsgeschichte.[9]

Vorher an den Rand gedrängte Denker wie etwa John Nicholl, der schon
im Jahre 1800 meinte, es könne nicht gleichzeitig einen Krieg der Waffen und
einen Frieden der Geschäftemacherei geben, bekamen in diesem Zusammenhang mehr Aufmerksamkeit und Resonanz. Jede politische Wendung schafft
sich eben ihre intellektuellen Rechtfertigungen.

Tonangebend war dabei die damals zunächst unterschätzte aufstreben-
de kapitalistische Macht jenseits des Atlantiks, die Vereinigten Staaten von
Amerika. Während des blutigen Bürgerkrieges zwischen den Nord- und Südstaaten gingen die später siegreichen Nordstaaten zur Blockade der Häfen
über, durch die die Südstaaten ihren Baumwollexport abwickelten, von denen
ihre Wirtschaft wesentlich abhing. Der damals dort weit rezipierte Militär-
theoretiker Alfred Thayer Mahan pries diese und andere Maßnahmen als „ein
wahrhaftig militärisches Mittel – genauso wie das Töten von Männern, deren
Waffen den Krieg auf dem Felde bestimmen."[10]

Wirksamer als Luftangriffe und Gaskrieg

Diese neue Waffe ins Feld zu führen, war keine Kleinigkeit, und sie war nicht
über Nacht zu schmieden. Der Bruch der damals die internationale Politik
ordnenden Verträge, die den freien Handelsverkehr vor allem auf hoher See

9   ebenda, S. 17
10 ebenda, S. 19

bisher garantiert hatten, bedurfte nicht nur argumentativer und juristischer Anstrengungen. Eine „effektive Isolation hing auch von der Möglichkeit ab, Drittländer am Handel mit dem gegnerischen Staat zu hindern."[11] Das griff und greift bis heute tief ein in das Recht von Staaten ein, sich aus Konflikten anderer herauszuhalten. Dieses vornehme Recht von Nationen, zu sagen: „Dies ist nicht unser Krieg", musste verleugnet werden – und die Anstrengungen aus Washington, London, Berlin und anderswo zielen heute gerade auf die neutralen Staaten wie Indien, Brasilien oder China und versuchen, ihnen das Recht auf Neutralität zu bestreiten. Sanktionen als Waffe im Krieg sind nur durchsetzbar gegen dieses Recht auf Neutralität.

Die „Maschinerie der Blockade" gegen Deutschland aufzubauen, benötigte, wie Mulder ausführlich und sehr bildhaft darlegt, den Aufbau eines umfassenden Apparats. Neu geschaffene Behörden vor allem in London, aber auch in Paris, verschafften sich in angestrengter Recherchearbeit aus Schiffsdokumenten und durch Auswertung von Wirtschaftszeitungen einen systematischen Überblick über die verwundbarsten Stellen der deutsch-österreichischen Kriegsmaschinerie. Mangan beispielsweise ist ein silberweißes, hartes, sehr sprödes Metall, das für sich genommen keinen großen Nutzen hat, aber eine entscheidende Rolle in den chemischen Prozessen spielte und spielt, um Eisen zu Stahl weiterzuverarbeiten. Deutschland war am Vorabend des Ersten Weltkriegs der zweitgrößte Stahlkocher nach den USA, und sein führender Industrieller Krupp hatte ein international weitverzweigtes Netz aufgebaut, um Mangan zu importieren. Die Hauptquellen vor dem August 1914, die in Indien und Russland lagen, fielen mit Kriegsbeginn aufgrund der neuen imperialen Politik Londons umgehend weg. Der deutsche Fokus richtete sich sofort auf den drittgrößten damaligen Mangan-Lieferanten, Brasilien. Das Land hatte sich aber in dem europäischen Hauen und Stechen zunächst für neutral erklärt. Also galt es, Mittel zu ersinnen, den Manganstrom von Brasilien nach Deutschland zu unterbinden, ohne Brasilien auf die Seite Deutschlands zu treiben. Die angewandten Hebel kommen dem heutigen Zeitgenossen bekannt vor: „Fast 90 Prozent der Kohle[12], die Brasilien importierte, kamen aus Britannien. ... Ver-

---

11 ebenda, S. 6
12 Damals spielte Kohle für die Energieerzeugung die Rolle, die heute Öl und Gas spielen. Die übermächtige Rolle Großbritanniens in der damaligen Welt resultierte nicht nur aus seinen Industrien, sondern auch daraus, dass das Land gleichzeitig der weltweite Hauptrohstofflieferant für Kohle war.

sicherungen, Handel mit Kohle und deren Lagerung waren dominiert von Firmen, die ihre Basis auf den britischen Inseln hatten."[13] Ein weiterer Hebel, den das „War Trade Department" (WDT) schnell in den Mittelpunkt rückte, waren die Finanztransfers, die über die Deutsche Bank liefen und für den reibungslosen Transport von Mangan sorgten. Materiell wie finanziell schnitt das britische Empire dem deutschen Imperium nach und nach eine Verbindung nach der anderen durch, mit deren Hilfe bisher Krupp Eisen zu Stahl veredeln lassen konnte. Einer der Gründe der Heftigkeit, mit der Deutschland damals gegen Russland zu Felde zog, lag in der Zielstellung, durch einen schnellen Sieg im Osten die bei Kriegsbeginn verschütteten Manganquellen wieder zu öffnen – was bekanntlich erst 1917 gelang.

Der sich so entfaltende Wirtschaftskrieg war aus alliierter Sicht erfolgreich. Luftangriffe töteten im Ersten Weltkrieg bereits ungefähr 1.400 Zivilisten allein in England und einige Hundert auf dem Kontinent, und rund 90.000 Soldaten starben durch die erstmalige großflächige Anwendung von Giftgas. Damit verglichen, schreibt Mulder, war die Blockade die tödlichere Waffe: „Im Ersten Weltkrieg starben zwischen 300.000 und 400.000 Menschen in Zentraleuropa durch den Hunger und die Krankheiten, die die Folge der Blockade waren, zusätzlich gab es 500.000 Tote in den Provinzen des Osmanischen Reiches."[14]

Angesichts dessen von Sanktionen als der vermeintlich humaneren Alternative zum Schießkrieg zu sprechen, verrät vor allem historische Unkenntnis. Sanktionen sind eine Ausgeburt des Imperialismus mit tödlichen Folgen für Kriegsbeteiligte wie für diejenigen, die versuchen, neutral zu bleiben. Sie sind historisch mit dem Imperialismus entstanden und sie werden historisch erst mit ihm zusammen als Geißel der Menschheit endgültig verschwinden.

Vom Schmieden der „ökonomischen Waffe" bis hin zum „Totalen Wirtschaftskrieg"

Die ökonomische Waffe, die helfen sollte, die künftige Kriegsführung grundsätzlich zu ökonomisieren und – so jedenfalls die Legitimation nach außen – in gewisser Weise zu entmilitarisieren, bestand Mulder zufolge aus drei Kern-

13 Mulder, a.a.O., S. 31
14 ebenda, S. 5

elementen. Das erste war die Bildung der Blockade, mit der die alliierten Mächte die Mittelmächte in die Knie zwingen wollten. Das erforderte, wie wir gleich sehen werden, einen immensen Apparat zu ihrer Durchsetzung und entfaltete seine volle Wirkung erst mit dem Kriegseintritt der USA im Jahre 1917. Das zweite Element war die Hebung dieser Waffe in den Rang eines Elements der künftigen Weltinnenordnung durch die Aufnahme eines eigenen Artikels in der Gründungserklärung des Völkerbundes, also des Vorläufers der heutigen UNO. Und schließlich bildete die praktische Erprobung dieses Instruments vor allem gegenüber den revolutionären Bewegungen in Russland und Ungarn im Jahre 1919 den Abschluss in der Herstellung dieser Waffe, die dann – als Damoklesschwert über vielen kleineren Staaten hängend – die gesamten 1920er Jahre hindurch nicht eingesetzt wurde, aber durchaus, wie kurz zu erläutern ist, Wirkung zeigte.

Die Mutter aller Sanktionspolitik bis auf den heutigen Tag ist die aus der Sicht der Politiker in Washington, London und Paris erfolgreiche Blockadepolitik gegen Deutschland und Österreich-Ungarn während des Ersten Weltkriegs.

Die Grundvoraussetzung für das Gelingen lag in der aus heutiger Sicht kaum zu überschätzenden Dominanz des britischen Empire für die damalige Weltökonomie. Zwar hatten Deutschland und die USA in einer Reihe von ökonomischen Kennziffern zum britischen Weltreich aufgeschlossen und es beispielsweise in der Stahlproduktion überholt. Aber in der City of London wurden 1912 rund 60 Prozent aller Welthandelsgeschäfte abgewickelt. Vier Millionen Rechnungen täglich wurden dort – ohne jede EDV – verarbeitet. Als der Krieg im August 1914 begann, wurden durch Banken in Deutschland und Österreich-Ungarn gerade mal 20 Prozent aller internationalen Rechnungen abgewickelt – fast alles andere lief unter Aufsicht von Banken im Wirkungsbereich Großbritanniens, Frankreichs und der USA.[15] Zwei Drittel aller Schiffsversicherungen wurden in London abgeschlossen. Siebzig Prozent des gesamten Kabelnetzwerkes, das damals die Welt zu umspannen begann, wurden von Firmen des britischen Empires betrieben.

Am Beginn des Krieges tobte in London ein kurzer interner Streit zwischen der britischen Admiralität und anderen Teilen des Staatsapparates

---

15 Das ist mithin ein weit größeres Übergewicht als heute die USA, die EU, Großbritannien und Japan zusammen auf die Waage bringen.

darüber, wer für die schon lange erwogene Blockade Deutschlands und seiner Verbündeten am Ende die Verantwortung tragen sollte. Die Argumentation der Navy-Leute war klar: Letztlich müsse jede Blockade am Schluss mit Schiffen und Kanonen vor den gegnerischen Häfen physisch durchgesetzt werden. Sie unterlagen dennoch dem Hinweis auf die Komplexität der Weltwirtschaftsbeziehungen und die Notwendigkeit, eben nicht den gesamten Waren- und Kapitaltransfer der damaligen Weltökonomie zum Stillstand zu bringen, sondern exakt das herauszufiltern, was der Gegenseite maximal schadet, ohne den eigenen Nutzen aus dem Bezug von Rohstoffen und Halbfertigprodukten aus der ganzen Welt mehr als unbedingt notwendig zu beeinträchtigen. Die grundsätzliche Problematik zwischen maximaler ökonomischer Schädigung des Gegners[16] und möglichst großer Schonung der eigenen ökonomischen Abhängigkeiten wurde schon 1914 klar gesehen und führte zu der Entscheidung, dafür eine eigene Institution zu schaffen – das „War Trade Department" (WTD), angesiedelt beim Schatzmeister seiner Majestät.

Im selben Monat reagierte die Gegenseite auf die langsam spürbaren Auswirkungen dieser neuen Waffe. Noch im August gab es im deutschen Generalstab gegenüber den Drohungen einer Wirtschaftsblockade große Gelassenheit. Es werde, so die damals weitverbreitete Meinung, keine Hungersnot geben, die englische Blockade hätte schon gegen Napoleon nicht die gewünschte Wirkung gezeigt, und heute seien die Möglichkeiten des deutschen Reiches und Österreich-Ungarns, sich gegen eine solche Blockade zur Wehr zu setzen, ungleich größer als die des damaligen Frankreichs. Die Ernüchterung gegen Ende des ersten Kriegswinters führte zu einer gewissen Überreaktion: „Wie Du mir, so ich Dir" mögen manche in Berlin gedacht haben, als sie als Antwort auf die langsam wirksam werdenden Blockademaßnahmen ihrerseits im Februar 1915 den unbegrenzten U-Boot-Krieg auch gegen die Handelsflotte der Alliierten erklärte, wohl wissend, dass die Unterscheidung, ob das im Periskop gesichtete Schiff nun ein britischer oder ein neutraler Frachter oder gar ein neutrales Passierschiff ist, im Eifer des Gefechts nicht immer garantiert werden kann.

Die Arbeit, die das WTD zu leisten hatte, war immens, und schon im November umfasste die Belegschaft 145 Leute. Ihre Aufgabe war unter anderem,

---

16 Also ihn in den „Ruin" zu treiben, wie die deutsche Außenministerin es 2022 auf den Punkt brachte.

das bereits im August 1914 im Unterhaus beschlossene „Gesetz zum Handel mit dem Feind"[17] zu kontrollieren. Das WTD bekam das Recht, feindliches Eigentum und Investitionen des Feindes im gesamten Wirkungsbereich des britischen Empire zu konfiszieren. Dieses Gesetz entwickelte – wie alle Sanktionsregimes seitdem – seine eigene, oben bereits angedeutete innere Logik: Im Januar 1917 wurde es dahingehend ausgeweitet, dass alle in der City of London registrierten ausländischen Sicherheitseinlagen konfisziert werden konnten, und zwar nicht nur die der feindlichen, sondern auch die neutraler Staaten. Die Begründung ist uns aus unseren Tagen wohlbekannt: Anders könnten Schlupflöcher zur Umgehung der Blockade nicht geschlossen werden.

Schulter an Schulter mit dem britischen Kontrollapparat baute auch die französische Regierung einen ähnlichen Kontrollapparat zur Durchsetzung der Blockade vor allem im Mittelmeerraum auf. Als Vollzugsorgan wurde die französische Flotte vor allem zwischen der italienischen und der osmanischen Küste eingesetzt, um den dortigen Schiffsverkehr zu kontrollieren.

Die Verschärfungen in der zweiten Hälfte des Krieges resultierten auch aus heftigen Debatten in den Parlamenten Großbritanniens und Frankreichs über die Gründe des aus ihrer Sicht unbefriedigenden Verlauf des Krieges. Ende 1915 war die Blockade für die Mittelmächte zwar spürbar, hatte aber ganz offensichtlich nicht zu ihrem ökonomischen Ruin geführt, und anstelle dass französische Truppen am Rhein standen, standen deutsche Truppen weiter tief in Frankreich. In dieser Stimmung versprachen sowohl der französische Premierminister Aristide Briand als auch sein britischer Kollege Herbert Asquith neben verstärkten militärischen Anstrengungen eine Verschärfung des ökonomischen Krieges. Es entwickelte sich das, was Mulder als „Economic Total War" – Totaler Wirtschaftskrieg – betitelt.[18] Zunächst wurden die für die Datensammlung und Systematisierung zuständigen Abteilungen der Regierung personell verstärkt und bekamen außer mehr Kompetenzen auch neue Titel – aus dem beim Finanzministerium angesiedelten „Trade Clearing House" (TCH) wurde das „War Trade Intelligence Department" (WTID), das nunmehr dem neugebildeten „Ministry of Blockade" angehörte. Dieses Blockadeministerium unter Leitung von Lord Robert Cecil und seiner rechten

---

17 im Original: „British Trading with the Enemy Act"
18 Mulder, a.a.O., S. 38

Hand, William Arnold-Forster, wuchs in den weiteren Kriegsjahren in eine immer zentralere Stellung für die gesamte ökonomische Kriegsführung der Alliierten gegen die Mittelmächte hinein, immer eng verzahnt mit der britischen Flotte, die im Jahr 1915 täglich durchschnittlich acht Frachter allein in der Nordsee aufbrachte, um ihre Ladung und ihr Bestimmungsziel zu kontrollieren. Ein Viertel aller Schiffe wurde, begleitet von Kriegsschiffen, in alliierte Häfen zur weiteren Kontrolle ihrer Ladung geschickt, bevor sie nach genauer Inspektion ggf. ihre Reise fortsetzen konnten. Der Grund war einfach: „Arnold-Forster realisierte, dass große Mengen von Handelsgütern zu neutralen Ländern letztlich in feindlichen Händen landeten." Als Kollateral-Nutzen gab es übrigens durch das Blockadeministerium einen großen Aufschwung der Wissenschaft von der Statistik. Die Mengen an Informationen waren durch Einzelfall-Überprüfung schlicht nicht mehr zu bewältigen. Also baute Arnold-Forster ein statistisches Frühindikatoren-System auf, durch das Veränderungen in den Warenströmen neutraler Staaten frühzeitig so erfasst werden sollten, dass darauf aufbauend Einzelfallkontrollen gezielter stattfinden konnten. Im Falle der damals neutralen Niederlande beispielsweise wurde Anfang 1916 festgestellt, dass die niederländischen Importe für Leinsamen, Schmieröl und Gasoline im letzten Quartal 1915 deutlich den Durchschnitt der Vorjahre überschritten hatten – also erging an die Royal Navy die Order, die entsprechenden Importe nach den Niederlanden zu unterbinden. In einer weiteren Stufe wurden durch das britische Empire auch die Grenzen für die von ihm erlaubten Importe der Niederlande in den Warenkategorien Mais, Gerste, Petroleum, Baumwolle und anderer Güter abgesenkt, um sicherzustellen, dass nichts davon ins darbende deutsche Reich gelangt. Mulder resümiert: „Das brach mit der traditionellen Interpretation des Kriegsrechts im internationalen Rechtssystem. Aber als ein Weg, einen möglichen Schleichhandel mit dem Ziel Deutschland zu unterbinden, war das weit wirkungsvoller als das alte System. Gestützt auf statistische Erhebungen statt auf Einzelfallprüfungen hatte es der britische Staat geschafft, die Logik der Blockade von der legalen auf eine ökonomische Basis zu verschieben."[19]

Wir verlassen an dieser Stelle kurz den historischen Abriss, um die Bedeutung der historischen Analyse für das Verständnis aktueller Politik zu be-

---

19 ebenda, S. 42

denken: Die Waffe der Sanktionen beschreibt einen geschichtlichen Bogen. Sie richtete sich zunächst gegen die damals vorherrschende kapitalistische Logik aus der Zeit der ersten Globalisierung. Diese war geprägt vom Glauben an den Weltmarkt und der eigenen Unwiderstehlichkeit der Logik von Marktwirtschaft und dem freien Verkehr von Gütern und Kapital über den gesamten Globus hinweg. Über dieser scheinbar zeitlosen Logik aber regierte (und regiert) unsichtbar und solange es Kapitalismus gibt, immer die Logik der Profitmacherei. Sie führte gegen den Glauben der vorimperialistischen Phase zu einer eigenen, vor allem von Lenin analysierten inneren Dynamik hin zur notwendigen Verbindung staatlicher Machtmaschinen mit marktwirtschaftlicher Logik. Die daraus resultierende neue geschichtliche Phase heißt im marxistischen Vokabular Monopolkapitalismus und Imperialismus.

Die Außerkraftsetzung der alten Verträge aus der Zeit des aufsteigenden Kapitalismus im Zuge der Blockade der aufmüpfigen deutschen Bourgeoisie durch die damals vorherrschende britische Bourgeoisie bedurfte einer juristischen Legitimation. Inhaltlich sollte die neue Politik dem Vorbild der Nordstaaten der USA folgen, die die Waffe der Blockade erstmals gegen die Südstaaten angewandt hatten. Die legalistische Rechtfertigung manifestierte sich im Völkerbund-Artikel 16 und anschließend in der Charta der Vereinten Nationen. In unserer Zeit des Niedergangs der alten imperialistischen Mächte wird das nun – wie zum Beginn des geschichtlichen Bogens – wieder zerrissen. Sanktionen werden verhängt von einer „Koalition der Willigen" unter Führung der USA und ohne jeden Versuch einer völkerrechtlichen Legitimation durch UN-Beschlüsse.

Im Zuge dieses Rückfalls in die Zeit vor dem Versuch, Sanktionen völkerrechtlich zu legitimieren, wird in unserer Zeit auch auf das in jenen Tagen der britischen Blockade erfundene Mittel der „Blacklist" zurückgegriffen – und damit sind wir wieder in der Spur unseres historischen Abrisses.

Als das „Ministerium für Blockade" eingerichtet war, entwickelte Cecil gemeinsam mit Arnold-Foster eine konzeptionelle Sortierung der künftig anzuwendenden Mittel, um die Wirtschaft der Mittelmächte möglichst effektiv zu schädigen. Ganz oben auf ihrer Liste stand eine Liste: „Blacklist" – schwarze Liste. Dort landeten alle Firmen, von denen bekannt wurde, dass sie mit dem Feind Handel trieben. Es gab (ich nehme an, das ist heute nicht anders – M.S.) neben einer offiziellen, der Presse gegenüber publizierten Liste, drei weitere geheim gehaltene Listen: Eine für Banker, eine für Schiffe und eine Art Kandidatenliste – also Listen von Unternehmen, die unter dem Verdacht standen, möglicherweise mit dem Feind Handel zu treiben.[20] Auf dieser letzten Liste landeten auch amerikanische Firmen. Ihre vor der Öffentlichkeit verborgene Auflistung sollte – abgestimmt innerhalb der britischen Regierung – einerseits auf den Fall vorbereiten, dass auch solche Firmen bekämpft werden müssten, andererseits aber verhindern, dass die fortdauernden Bemühungen, die USA an die Seite Großbritanniens und Frankreichs zu ziehen, gestört würden.

Zur Auflösung dieses Widerspruchs zwischen möglichst effektiver Blockade einerseits und Einbeziehung der USA andererseits wurden von Cecil „Navicerts" eingeführt – das waren für US-amerikanische Schiffe ausgegebene Zertifikate, die nach Angabe der Schiffsfracht und der Zielhäfen – häufig eben die der USA – durch die jeweilige britische Botschaft ausgegeben wurden. Das Vorzeigen dieser Zertifikate ermöglichte es Schiffen, die von der Royal Navy aufgebracht wurden, die Blockade zu passieren, ohne versenkt oder in den nächsten, von der Royal Navy dafür ausgesuchten Hafen eskortiert zu werden.

Schließlich systematisierte, wie oben schon ausgeführt, das Ministerium die Erfassung des Kohlehandels als der damals wichtigsten Energieressource, ohne die zu Zeiten jenes Krieges ein Schiff ebenso wenig fahren konnte wie zu unseren Zeiten ohne Öl.

Im Zuge des Knüpfens des Netzes, das über den Welthandel geworfen wurde, wuchs die Zahl der Planstellen im neu geschaffenen Ministerium für Blockade auf 1.880 – die Zahl der Frauen und Männer nicht mitgerechnet, die für das Ministerium in den Botschaften die oben erwähnten Zertifikate ausstellten.

Neben diesen schwarzen Listen gab es eine weitere Erfindung aus der Mitte des zweiten Jahrzehnts im letzten Jahrhundert, die bis heute hohe Bedeutung entfaltet: die finanzielle Blockade.

In den ersten zwei Jahren der Blockadepolitik beschränkte sie sich weitgehend auf die Unterbrechung physischen Warenverkehrs und der Beschlagnahmung von Eigentumstiteln. Es wurde allerdings ziemlich schnell klar, dass eine solche Blockade unter den damaligen Bedingungen nicht so lückendicht funktionieren konnte, dass sie die wirtschaftliche Kraft der Mittelmächte ent-

20 Frankreich führte parallel dazu ähnliche Listen ein – die „listes noires", vgl. Mulder, a.a.O., S. 43

scheidend schwächte. Im Februar und März beispielsweise entdeckte das britische Finanzamt Geldtransfers der Wall Street zu vormals kleinen Banken in den Niederlanden und Schweden im Umfang von 11 Millionen Dollar und kam nach der Untersuchung der Transfers zu dem Schluss, es gäbe „keinen anderen Grund für diese Transaktionen als Handel mit Deutschland."[21]

Es war den Blockadepolitikern klar: Das musste unterbunden werden. Aber die Umsetzung stieß zum einen auf personelle Engpässe – die Finanzströme mussten ja systematisch observiert werden – als auch auf eine gewisse Ratlosigkeit hinsichtlich des methodischen Vorgehens. Wie Schiffe aufgebracht werden konnten, hatte die Royal Navy seit Sir Francis Drake gelernt, das Unterbrechen von Geldtransfers war eine neue Aufgabe.

Es wäre falsch, anzunehmen, das Problem hätte sich in den letzten gut hundert Jahren gelöst. Sonst würde nicht der Londoner Economist im April 2023 bei der Darlegung der Möglichkeiten von ökonomischen Sanktionen gegen China formulieren: „Jedenfalls hätten Amerikas Dienste ordentlich zu tun, um ausladende Finanzrestriktionen durchzusetzen. Jeden einzelnen Dollar zu überwachen, der in Hongkong oder in irgendwelchen offshore-Häfen wie den Cayman Islands deponiert wird, liegt wahrscheinlich außerhalb ihrer Möglichkeiten – jedenfalls nicht ohne eine massive Aufstockung der finanziellen und personellen Mittel."[22]

Die vom Mai 1916 angewendete Lösung bestand darin, von den Banken Garantien zu verlangen, dass sie „keinerlei Geschäfte machen, weder direkt oder indirekt, die zum Vorteil oder zur Unterstützung der Feinde von Großbritannien oder seinen Verbündeten dienen."[23]

Bereits damals tauchte – trotz der damaligen Übermacht der Londoner City für die Finanzmärkte und erst recht nach dem Kriegseintritt der USA – das Problem auf, dass diese Maßnahmen „the risk of backfiring" in sich trugen, wie beispielsweise der französische Beauftragte für die Blockade Deutschlands, Octave Homberg, warnte.[24] Denn es war ja angesichts des – bis spätestens noch im Frühjahr 1918 – ungewissen Kriegsglücks nicht selbstverständlich, dass sich solche neutralen Länder wie die Niederlande dazu pres-

21 Mulder, a.a.O., S. 49
22 The Economist, 01.04.2023
23 Mulder, a.a.O., S. 50
24 ebenda, S. 52

sen ließen, ihre guten Geschäfte mit den Mittelmächten völlig in den Wind zu schießen, zumal sie ja anders als die heutigen Zeitgenossen nicht sicher sein konnten, wie der Krieg schließlich enden würde.

Wir aber heute wissen: Er endete mit einem alliierten Sieg. Und ob richtig oder nicht ganz richtig – in der Rezeption der Gründe des Sieges wurde er vor allem in Großbritannien, aber auch in den USA nicht zuletzt auf den Erfolg des „Ruins" der deutschen und österreichisch-ungarischen Kriegswirtschaft und dem erfolgreichen Verhängen von Steckrübenwintern über die deutsche Bevölkerung zurückgeführt.

Bis über das Kriegsende hinaus, also noch während der Verhandlungen über einen Friedensvertrag, blieben die verhängten Sanktionen wirksam, und der im Gefolge des Krieges auf Initiative der USA gegründete Völkerbund machte sich zum Anwalt des Plädoyers, diese erfolgreiche Politik gegen die Regeln der Siegermächte in das Arsenal völkerrechtlich verbindlicher Strafmaßnahmen aufzunehmen.

Völkerbund Artikel 16

Am 28. April 1919 unterzeichneten in Paris die Vertreter von 32 Ländern[25] die Satzung des „Völkerbundes", den Vorläufer der Vereinten Nationen. 100 Jahre später fasste der „Deutschlandfunk" dessen Zielsetzungen so zusammen:

> *„Anstelle der souveränen Großmächte sollte künftig eine supranationale Gemeinschaft gleichberechtigter Nationalstaaten für eine friedliche Ordnung der Welt sorgen. Denn nach der Katastrophe des Ersten Weltkriegs, der allein auf den Schlachtfeldern neun Millionen Tote und zahllose Versehrte gefordert hatte, waren Geheimdiplomatie und hegemoniales Machtstaatsdenken grundlegend diskreditiert.*
> *Der britische Minister Robert Cecil, ein enthusiastischer Anhänger des neuen Prinzips, hatte schon am 12. November 1918, einen Tag nach dem militärischen Sieg über Deutschland, betont:*

---

25 Nach langen Debatten traten die USA dem Völkerbund nicht bei. Deutschland wurde 1926 Mitglied, trat im Oktober 1933 aber wieder aus. Der Völkerbund wurde am 18.04.1946 aufgelöst.

‚Wir haben dafür gekämpft, die verderbliche und unwahre Idee einer ex-
klusiven nationalen Moral auszulöschen, um an ihre Stelle etwas Besseres
zu setzen. Der Frieden kann der Welt nicht durch eine mächtige Allianz der
Sieger aufgezwungen werden, er kann nur durch ein allgemeines Abkom-
men, eine Vereinigung der Nationen, gesichert werden. Wenn der Bund der
Völker nur ein Traum bleibt, ist es schwer, nicht zu verzweifeln.'
Cecil war einer der Autoren der Völkerbundsatzung, die als Hauptorgane
einen Rat, ein Ständiges Sekretariat und eine Bundesversammlung in Genf
sowie einen Gerichtshof in Den Haag vorsah."[26]

Die Satzung beinhaltete ein Verbot von Geheimverträgen, die Ächtung von
Angriffskriegen sowie die Verpflichtung zu internationaler Abrüstung.

Die Rezeption der Sanktionen gegen Deutschland und Österreich-Ungarn
spiegelte sich darin wider, dass sie einen eigenen Artikel 16 erhielten, der es
lohnt, im Wortlaut wiedergegeben zu werden:

„Schreitet ein Bundesmitglied entgegen den in den Artikeln 12, 13 oder 15
übernommenen Verpflichtungen zum Kriege, so wird es so angesehen, als
hätte es eine Kriegshandlung gegen alle anderen Bundesmitglieder began-
gen. Diese verpflichten sich, unverzüglich alle Handels- und Finanzbezie-
hungen zu ihm abzubrechen, ihren Staatsangehörigen jeden Verkehr mit
den Staatsangehörigen des vertragsbrüchigen Staates zu untersagen und
alle finanziellen, Handels- oder persönlichen Verbindungen zwischen den
Staatsangehörigen dieses Staates und jedes anderen Staates, gleichviel ob
Bundesmitglied oder nicht, abzuschneiden.
In diesem Falle ist der Rat verpflichtet, den verschiedenen beteiligten Regie-
rungen vorzuschlagen, mit welchen Land-, See- oder Luftstreitkräften jedes
Bundesmitglied für seinen Teil zu der bewaffneten Macht beizutragen hat,
die den Bundesverpflichtungen Achtung zu verschaffen bestimmt ist.
Die Bundesmitglieder sagen sich außerdem wechselseitige Unterstützung
bei Ausführung der auf Grund dieses Artikels zu ergreifenden wirtschaft-
lichen und finanziellen Maßnahmen zu, um die damit verbundenen Verluste

*und Nachteile auf das Mindestmaß herabzusetzen. Sie unterstützen sich
gleichfalls wechselseitig in dem Widerstand gegen jede Sondermaßnahme,
die der vertragsbrüchige Staat gegen eines von ihnen richtet. Sie veranlassen
alles Erforderliche, um den Streitkräften eines jeden Bundesmitglieds, das
an einem gemeinsamen Vorgehen zur Wahrung der Bundesverpflichtungen
teilnimmt, den Durchzug durch ihr Gebiet zu ermöglichen.*

*Jedes Mitglied, das sich der Verletzung einer aus der Satzung entsprin-
genden Verpflichtung schuldig macht, kann aus dem Bund ausgeschlossen
werden. Die Ausschließung wird durch Abstimmung aller anderen im Rate
vertretenen Bundesmitglieder ausgesprochen."*[27]

Damit war die Waffe geschmiedet. Zuerst geschwungen wurde sie – noch vor
der Unterzeichnung, also quasi im warmen Schmiedeprozess-Zustand – gegen die Revolutionsregierungen in Ungarn und Russland.

---

27 https://www.versailler-vertrag.de/vv1.htm, abgerufen am 14.04.2024

Kapitel 2

Sanktionen zwischen den Weltkriegen

Vom Völkerbund zu den Vereinten Nationen

Mit dem Waffenstillstand vom 11. November 1918 endeten zwar die offenen militärischen Kampfhandlungen zwischen den Streitkräften der Alliierten und der Mittelmächte. Aber die Blockade Deutschlands wurde aufrechterhalten. Bei dem Waffenstillstand handelte es sich nicht um eine bedingungslose Kapitulation. Die Verbände waren weiter kampffähig, die Friedensverhandlungen lagen noch vor den streitenden Parteien. In dieser Lage setzten sich schon nach kurzen Debatten diejenigen Kräfte in London und Paris durch, die gewissermaßen als Faustpfand und um den Druck während der Friedensvertragsverhandlungen vor allem auf Deutschland aufrechtzuerhalten, für die Aufrechterhaltung der Blockade plädierten.

Das allerdings rief im weiteren Verlauf erhebliche Widerstände hervor. Am 3. März 1919 donnerte Winston Churchill im britischen Unterhaus: „Es ist ekelerregend für die britische Nation, diese Waffe des Hungers, unter der vor allem Frauen und Kinder, die Alten, die Schwachen und die Armen leiden, zu verhängen, nachdem das Kämpfen vorüber ist."[28] An seiner Seite wusste er – eine für beide Seiten eher ungewohnte Konstellation – die „Women's International League for Peace and Freedom" (WILPE) und beispielsweise Christabel Pankurst von der „Women's Party", die sich ebenfalls vehement gegen das wandte, was als ökonomischer Druck verkauft werde, aber nur eine „elegante Phrase für Folter" sei, wie es die WILPE formulierte.

Diese sich aufbauende innere Front gegen Sanktionen war allerdings nicht nur von moralischer Empörung getragen, sondern auch einem politischen Zusammenhang geschuldet.

Als im Gefolge des Krieges Ungarn und Russland einen sozialistischen Weg einschlugen, wurde gegen beide Völker – noch vor dem Einmarsch von Interventionstruppen – die vermeintlich erfolgreiche Politik der ökonomischen Erdrosselung angewandt.

Die Frage der moralischen Berechtigung, die Waffe des Aushungerns und der Verweigerung medizinischer Versorgungsgüter anzuwenden, spielte in den Überlegungen, die gegen Deutschland erfolgreiche Blockadepolitik nun auch gegen die beiden sozialistischen Ausbruchsversuche einzusetzen, zwar eine Rolle vor allem in den öffentlichen Debatten. Entscheidend für den Abbruch dieser Politik war aber ein anderer von Winston Churchill in der schon erwähnten Unterhausdebatte vorgetragener Aspekt. Er warnte vor dem Irrglauben, den Kurs der europäischen Ereignisse ändern zu können „by starving everbody into Bolshevism".[29]

Diese Furcht bezog sich nach der militärischen Niederschlagung des ungarischen Aufstands, die mit der Eroberung von Budapest durch die rumänische Armee am 3. August 1919 abgeschlossen war, vor allem auf Sowjetrussland, aber auch auf die starke internationale Bewegung, die sich unter dem Ruf „Hands off Russia" zu entfalten begann. Am 16. Januar 1920 fiel die Blockade der russischen Landwirtschaftskooperativen, und im März 1921 schlossen das Vereinigte Königreich und Russland einen Vertrag über ihre ökonomischen Beziehungen, in dessen Artikel 1 es heißt: „Beide Parteien stimmen darin überein, in keiner Form Blockaden gegeneinander einzuleiten oder aufrechtzuerhalten und künftig alle Hindernisse zu beseitigen, die dem Handel zwischen dem Vereinigten Königreich und Russland im Wege stehen könnten."[30]

Die Folgejahre waren angefüllt von Versuchen, auf der Grundlage der Bestimmungen des Völkerbundes zu allgemein verpflichteten Grundlinien wirtschaftlicher Zwangsmaßnahmen gegen kriegswillige Nationen zu kommen. Es wurde ein „Internationales Blockadekomitee" gebildet, in das mit Blick auf möglichst große Integrationskraft neben den etablierten Mächten

29 ebenda
30 Mulder, a.a.O., S. 106

auch Gesandte aus Kuba, Norwegen und Japan aufgenommen wurden. Immer beachtet werden muss bei alledem, dass weder die USA noch Deutschland oder Russland Mitglieder des Völkerbundes waren.

Parallel zu diesen Versuchen einer allgemeinverbindlichen Ordnung der Wirtschaftskriege liefen die praktischen Disziplinierungsversuche derjenigen imperialistischen Länder, die nach dem Ersten Weltkrieg die Oberhand gewonnen hatten, weiter – so zum Beispiel durch die Ruhrbesetzung Frankreichs am 11. Januar 1923, die vom deutschen Reichskanzler prompt als „nichts anderes als ein Akt der Gewalt" bezeichnet wurde.

Zwei Trends begannen bereits in dieser Zeit sich zunächst graduell, dann im Verlaufe der weiteren Jahre immer deutlicher als Nebenfolge der theoretischen Debatten und praktischen Maßnahmen über wirtschaftliche Mittel im Kampf zwischen den Nationen herauszukristallisieren: die gravierenden Auswirkungen jeder Wirtschaftskriegsführung auf das Recht zur Neutralität und – weniger öffentlich diskutiert – das intensive Bemühen insbesondere derjenigen Länder, die unter der Blockade im 1. Weltkrieg gelitten hatten, durch Autarkie- und Vorratspolitik einer Wiederauflage der Verhängung von Blockaden im Konfliktfall vorbereitet entgegentreten zu können.

Dem Thema „Sanktionen versus Neutralität" ist denn auch folgerichtig ein ganzes Kapitel in Mulders Buch gewidmet. In ihm werden die hin- und herwogenden Debatten in den herrschenden Kreisen der Siegermächte des Ersten Weltkriegs und hier vor allem Großbritanniens nachgezeichnet, die an dem inneren Widerspruch aller Sanktionspolitik herumknabberten, die nicht Reaktion einer ganz überwältigenden Mehrheit der Staaten und Völker gegen einen einzelnen Aggressor sind. Dies nämlich war ja eigentlich der Fall, den der oben zitierte Artikel 16 des Völkerbunds vorsah. Der geschichtlich sich entwickelnden Realität entsprach das nicht. Die Waffe der Sanktionen, das wurde zügig klar, würde von einem eher kleinen Teil der Staaten gegen einen ebenfalls eher anderen kleinen Teil angewendet werden, mit einem mehr oder weniger großen Teil zögernder Staaten dazwischen. Würden sie sich aber in eine Sanktionsfront nicht einbeziehen lassen, wäre nur die Alternative denkbar, die Sanktionen zu beenden oder aber die neutralen Staaten zu zwingen, sich in die Sanktionsfront einzureihen.

Dies geschah in zunehmend schrilleren Tönen, die Mulder unter der Zwischenüberschrift „Die Erosion der Neutralität" so beschreibt:

„Um zu verstehen, warum ökonomische Sanktionen mit der Neutralität im Widerstreit standen, ist es wichtig nachzuvollziehen, dass die von Europas neutralen Staaten geteilte diplomatische Orientierung von einem gemeinsamen ökonomischen Modell abgeleitet war. Die Schweiz, die Niederlande, Schweden, Norwegen und Dänemark waren in hohem Maße auch nach innen offene Exportnationen, die ersten beiden hatten außerdem bemerkenswerte finanzielle Bereiche, die in Geldverleih-Geschäften engagiert waren. Diese Volkswirtschaften waren dem Prinzip der Freiheit des Seeverkehrs, der Neutralität, einem freien Handel und dem Goldstandard verpflichtet. Ihr Bestreben, militärische Verwicklungen zu vermeiden, erzeugte strategische Ausrichtungen, die am klarsten in der Konvention von Oslo deutlich wurden, einem Freihandelsabkommen von sieben Ländern, das den gemeinsamen Grundtenor der fennoskandinavischen Länder[31] und der Benelux-Staaten in den 1930er Jahren abbildete.

Neutralität, argumentierten (dagegen) die Sanktionsanhänger, sei eine archaische Institution. In einer Welt der Globalisierung, in der die Produktionsketten und Finanzströme eng miteinander verflochten sind, wären die moralischen Implikationen allen Handelns unbestreitbar. Es sei absurd, private Geschäfte zu ermöglichen, wenn sie dazu führten, den Feind mit Ressourcen zu versehen. Der erste britische Theoretiker einer ,großen Strategie', Generalmajor John Frederick Charles Fuller, wütete gegen das Verhalten neutraler Staaten in Kriegszeiten mit den Worten, das seien ,Vampire, die sich an dem Blut aus den Schlachtfeldern mästen. … Solange internationales Recht so ausgestaltet ist, dass neutrale Staaten wie Leichenschänder mit dem Blut der Kriegführenden Handel treiben können, ist internationales Recht unmoralisch, und es ist konsequenterweise ein tugendhafter Akt, es zu zerstören. So etwas zu fördern, bedeutet nicht nur, eine Belohnung für Gier und Feigheit auszusetzen, sondern ist auch moralische Prostitution.'"[32]

Die Heftigkeit der Wortwahl und vor allem das Bestreben, außenpolitisches Handeln moralisch zu begründen, erinnert fatal an die moralische Aufladung der bundesdeutschen Außenpolitik seit 2022. Es ist zu hoffen, dass ihre Hauptwortführerin nicht ein ähnliches persönliches Schicksal erleidet wie

---

31　scil. die skandinavischen Länder mit Finnland und der Halbinsel Kola
32　J.C.F. Fuller, The Reformation of War, hier zitiert nach Mulder, a.a.O., S. 170

Generalmajor Fuller – im Laufe der dreißiger Jahre driftete er ab ins Lager von Sir Oswald Mosley und seiner „British Union of Fascists".

Rational gab es für das skizzierte Dilemma zwischen Sanktionen und Neutralität nur eine Lösung: die strikte Begrenzung von Sanktionen auf solche Maßnahmen, die einmütig oder mit einer qualifizierten Mehrheit vom Völkerbund beschlossen wurden. Der Völkerbund aber war, wie bereits dargestellt, eine Institution, die schon allein wegen der Nichtzugehörigkeit der USA und der jungen Sowjetunion eine solche Basis per se nicht bilden konnte – ganz unabhängig davon, dass es ihm zwischen den Kriegen, also während der gesamten Dauer seiner Existenz, mit einer gleich zu schildernden Ausnahme niemals gelang, auch nur in die Nähe einer solchen mit überwältigender Völkermehrheit gefassten Beschlusslage zu kommen.

Diese Situation könnte zu der Annahme verleiten, die Jahre zwischen den Weltkriegen lohnten das genauere Studieren höchstens für die Zunft der Historiker, weil sie für unsere heutige Zeit keinerlei Lehren bereithalte und mit dem 1. September 1939 alle damaligen Bemühungen im wahrsten Sinne des Wortes zu Asche zerfielen. Das ist aus mehreren Gründen übereilt. Zum einen fällt in jene Zeit – durch das oben skizzierte Dilemma – die Entwicklung des Begriffs der „Kollektiven Sicherheit", der in den 1970er Jahren wieder aufgegriffen wurde. Zweitens wurde die Sowjetunion, deren Geburt das britische Empire zunächst zu verhindern versucht hatte, zu einem zunehmend aktiveren Partner dieser Prozesse und bewies damit geschichtlich zum ersten Mal die zumindest potentielle Wirkmächtigkeit kommunistisch regierter Staaten. Drittens lohnt – unter dem Gesichtspunkt antikolonialer Kämpfe bis heute – ein genauerer Blick auf die erstaunlichen politischen Wendungen im Vorfeld und im Verlauf der Kolonialkriege Japans gegen China sowie Italiens gegen Äthiopien – gerade was die Beurteilung von Sanktionen betrifft.

Der in Genf lebende US-amerikanische Professor Pitman Potter beschrieb im April 1932 das Problem der „Organisation und Aufrechterhaltung eines Systems von Sanktionen auf der internationalen Regierungsebene".[33] Angesichts der unübersehbaren Schwäche des Völkerbunds prägte er Mulder zufolge den Begriff der „Kollektiven Sicherheit"[34], der in den 1970er Jahren eine zentrale Rolle in der Außen- und Sicherheitspolitik der Sowjetunion spielen

---

33   zitiert nach Mulder, a.a.O., S. 179
34   ebenda

sollte. Der Grund für den Aufschwung eines solchen Systems der Kollektiven Sicherheit war Mulder zufolge das zunehmend unübersehbare, aggressiv auftretende Verhalten der Mächte, die sich später als „Achsenmächte" zusammentaten und die Welt zum zweiten Mal in diesem Jahrhundert in Brand steckten: Der Begriff der Kollektiven Sicherheit „wurde zum Banner für die bewaffnete Verteidigung internationaler Verträge, und Stabilität und Sanktionen waren dabei ihre stärkste Waffe. Diese Orientierung entstand aus gutem Grund: Das folgende Jahrzehnt sah verschiedene Bemühungen, durch Sanktionen Kriege von Lateinamerika über Afrika und von Europa bis Ostasien zu verhindern, da das militaristische Japan, Nazideutschland und das faschistische Italien alle ein Programm der Wiederaufrüstung, der territorialen Expansion und des Aufbaus von Weltmacht-Positionen verfolgten."[35]

Die 1930er Jahre, die durch diese Grundkonstellation geprägt waren, sahen ein Wiederaufleben der schon skizzierten Debatten über Möglichkeiten und Grenzen ökonomischer Sanktionen zur Verhinderung eines Zweiten Weltkrieges wie von zwischenstaatlichen Kriegen überhaupt.

Gegenüber den 20er Jahren ballten sich nicht nur ökonomisch zunehmend dunkle Wolken am Horizont zusammen. Realpolitisch waren zwei Ereignisse in dem hier behandelten Zusammenhang von Bedeutung.

Zum einen begann am 18. September 1931 mit der Invasion japanischer Truppen in die Mandschurei und das nördliche China eine – hinsichtlich der Größe der Operation und der Zahl der unter ihr leidenden Menschen – in Europa oft unterschätzte kriegerische Operation, die in jüngerer Zeit zu Recht die Frage aufwirft, ob die Datierung des Beginns des Zweiten Weltkriegs auf den 1. September 1939 nicht etwas eurozentristisch ist.

Zweitens wurde 1934 die Sowjetunion Mitglied des Völkerbundes und seiner zentralen Institution, des Völkerbundrats. Ihr Wirken und die Gründe des letztlichen Scheiterns ihrer Bemühungen um ein Netz kollektiver Sicherheit stellt Mulder so dar: „Als im folgenden Frühjahr sowjetische Diplomaten hin und her reisten, um eine Sanktionsfront gegen die Aufrüstung der Nazis zu bilden, stimmten westliche Regierungen diesen Bemühungen nicht zu, weil sie die Handelsrückschläge für ihre eigenen Volkswirtschaften ablehnten. Im Oktober 1935 allerdings (*dazu später mehr – M.S.*) war der Völkerbund

35 ebenda

in der Lage, Sanktionen gegen Italien angesichts seiner Invasion in Äthiopien zu verhängen. In dieser bahnbrechenden Episode ... vereinigten sich die meisten der souveränen Staaten der Welt zum ersten Mal in der Geschichte zu einem Regime multilateraler ökonomischer Sanktionen."[36]

Als japanische Offiziere[37] die Eisenbahnlinie in der südlichen Mandschurei bombardieren ließen, war nicht nur die Sowjetunion noch nicht Mitglied des Völkerbunds. Auch Großbritannien war in hohem Maße mit sich selbst beschäftigt: Eine Meuterei innerhalb der Royal-Navy-Einheiten in Schottland am 19./20. September 1931 führte zu einer so heftigen Panik an der Londoner Börse, dass sich die britische Regierung gezwungen sah, das Pfund zeitweilig aus dem internationalen Devisenhandel (damals noch auf Goldbasis) herauszunehmen.

Bemerkenswert für die damalige Diskussionslage zum Thema „Sanktionen" ist, dass im selben Moment, wo die staatliche Ebene weitgehend handlungslos auf die japanische Invasion reagierte, antikoloniale Volkskräfte das Heft selbst in die Hand nahmen. Der gleich nach der Invasion von chinesischen Studenten organisierte Boykott japanischer Waren führte dazu, dass der Export Japans in die Mandschurei bis zum November um 68 Prozent gegenüber dem Vorjahr fiel, der Export in andere Teile Chinas um rund 20 Prozent. Die jungen Leute handelten, während staatliche Ebenen zögerten – bis hin zu der auf den ersten Blick erstaunlichen Tatsache, dass weder China noch Japan offiziell den Konflikt in der Mandschurei als „Krieg" bezeichneten[38] und es so vielen Kräften, unter anderem in den USA, erleichterten, nicht zu handeln. Insbesondere dort entwickelte sich angesichts des Zusammenbruchs des Welthandels im Gefolge des Schwarzen Freitag vom Oktober 1929 zunehmend eine Stimmung, sich die prekäre Lage nicht noch durch Sanktionen verdüstern zu lassen.

Wie sehr veränderte Rahmenbedingungen scheinbar festgefügte Fronten umwandeln können, wird nicht nur an dem unten noch weiter auszuführen-

---

36 ebenda, S. 180f
37 Die innerjapanische Lage war zu Beginn der 1930er Jahre etwas kompliziert: Die Regierung erklärte nach außen hin, die Offiziere hätten eigenmächtig gehandelt, sie zog aber niemanden zur Rechenschaft und holte die Truppen auch nicht zurück. Wer mehr dazu erfahren möchte, ist bestens bedient mit dem Buch „Geschichte Japans" von Kiyoshi Inoue, Frankfurt 1995, und zu diesem Thema mit dem Kapitel 36 auf den Seiten 551ff
38 Das ist übrigens eine erstaunliche, wenig beachtete Parallele zu unserer Zeit: Weder die Ukraine noch die russische Föderation hat die Auseinandersetzungen, die seit 2014 und verstärkt seit Anfang 2022 in der Ukraine stattfinden, offiziell als „Krieg" bezeichnet.

den Plädoyer der Sowjetunion für den Aufbau eines Netzes Kollektiver Sicherheit um das faschistische Deutschland herum deutlich, das Sanktionen einschließt, sondern auch an den Debatten innerhalb der auf Frieden drängenden Kräfte. Noch im Gefolge der englischen Blockadepolitik hatte, wie oben gezeigt, die englische Frauenbewegung gegen den Einsatz des Hungers als Mittel im Krieg und Nachkrieg gegen Deutschland agitiert. Angesichts der Aggression Japans gegen China und der drohenden Aggressionen Italiens und Deutschlands änderte sich das: „Trotz politischer und ökonomischer Zweifel erzeugte die Mandschurei-Krise eine bemerkenswerte Veränderung in der feministischen Sicht auf die Frage der ökonomischen Druckmittel. Cecil[39] führte gemeinsam mit dem WILPF eine Kampagne durch, um Japan für seine aggressiven Überfälle auf chinesisches Territorium seit dem Januar 1932 zur Verantwortung zu ziehen. In den Vereinigten Staaten schlug Emily Balch einen friedlichen Boykott japanischer Waren vor, um die Geschäftswelt zum Nachdenken über ihre Unterstützung für die Aggression zu bewegen, aber zugleich eine Hungerblockade für die Bevölkerung zu vermeiden. In einem Treffen ... schlug sie einen ‚freiwilligen Boykott' vor, der breiten Widerhall unter politisch aktiven Frauen finden würde, die sich um den Erhalt des Friedens Sorgen machten. Unmittelbar nach dem Weltkrieg hatten feministische Organisationen mit überwältigender Mehrheit ökonomische Sanktionen zurückgewiesen. Aber von 1931 bis 1932 näherten sie sich den Positionen an, die von der Association der „League of Nations" in den USA und dem LNU in Großbritannien eingenommen wurden. Immer noch unterstützten Balch und andere einen Boykott nur, wenn er nicht dazu führe, ‚Massenhass und Kriegsstimmung zu schüren'. Dorothy Detzer, Vorsitzende des US-amerikanischen Zweigs des WILPF, versicherte Balch, dass es ‚keine Gefahr gäbe, einen Krieg mit Japan zu heraufzubeschwören'."[40]

In den USA bildete sich im Frühjahr 1932 die „American Boycott Association" (ABA), die erheblichen Anklang fand. Mulder resümiert etwas erstaunt die jähen Wendungen der Geschichte: „Während des langen ‚Kriegfriedens' in den Jahren 1918–21 hatten populäre Bewegungen Proteste gegen die anti-

---

39 Robert Cecil war das bekannteste Mitglied der „League of Nations Union" (LNU) in Großbritannien, die mit großen Kampagnen den Gedanken der Völkergemeinschaft zu fördern suchte und bis 1933 rund eine Million Mitglieder gewonnen hatte; vgl. Mulder, a.a.O., S. 180

40 Mulder, a.a.O., S. 184f

sowjetischen Blockaden initiiert, während die Alliierten diese Blockaden aufrechterhalten wollten. Ein Jahrzehnt später hatten sich die US-Bewegung zur
Ächtung von Kriegen und deren Schwesterorganisation in Großbritannien in
eine starke Bewegung zugunsten von Boykotts und Sanktionen verwandelt,
während die regierenden konservativen Eliten diese Politik bekämpften."[41]
Angesichts des sich aufbauenden Gegendrucks verließ Japan 1933 den Völkerbund – im selben Jahr also, als in Deutschland nach der Regierungsüber-
gabe an Hitler am 30. Januar ebenfalls die Signale auf Abkehr dieses Landes
vom Völkerbund gestellt wurden.

Den Kern des Völkerbundes bildeten damit die drei Länder, die auf die
Einhaltung des Versailler Vertrages pochten: Großbritannien, Frankreich und
Italien – letzteres bereits unter der Führung Mussolinis. Im folgenden Jahr, am
18. September, wurde die Sowjetunion Mitglied und forcierte wie oben schon
beschrieben, die Bemühungen um die Isolierung Deutschlands auch durch
ökonomische Maßnahmen.

Es ist hinsichtlich der Waffe der Sanktionen und des Massenboykotts das
Zwischenresümee zu ziehen, dass ihre Anwendung für fortschrittliche Kräfte
im letzten Jahrhundert nie eine prinzipielle Frage war, sondern eine, die nach
der jeweiligen historischen Lage jeweils konkret beantwortet werden musste.
Das galt für die regierungsunabhängige Friedensbewegung wie für die feministische Bewegung und auch für die in der Sowjetunion zum ersten Mal in
den Besitz der Staatsmacht gelangte kommunistische Bewegung.

Noch in den ersten Jahren der faschistischen Diktatur in Deutschland blieb
das Verhältnis zwischen diesem Land und dem bereits seit den 20er Jahren
faschistischen Italien angespannt – im Mai 1935 schrieb Mussolini dem italienischen Konsul in München, dass „alle Brücken zu Deutschland abgebrochen
sind. Wenn das Land sich für den Frieden in Europa kooperativ gezeigt hat,
umso besser. Andernfalls werden wir dieses Land zerquetschen, weil wir für
die Zukunft komplett auf der Seite der westlichen Mächte stehen werden."[42]
Die alte Versailler Konstellation löste sich erst auf mit einem weiteren europäischen Krieg – dem Italiens gegen Äthiopien.

Um den Charakter dieses Krieges zu begreifen, müssen wir uns ganz kurz
mit der Geschichte Äthiopiens, dem damaligen Abessinien befassen. Dem

41   ebenda, S. 185
42   ebenda, S. 199

Land war es gelungen, sich der großen Kolonisierungswelle des britischen und des französischen Imperialismus zu entziehen. In den 1870er Jahren wehrte es sich zumindest teilweise erfolgreich gegen entsprechende Kolonisierungsversuche Italiens, konnte allerdings nicht verhindern, dass sich dessen Truppen in Italienisch-Somalia und Eritrea festsetzten, also südöstlich und nördlich von Abessinien. Diese blieben bis 1914 neben Libyen die beiden einzigen italienischen Kolonien in Afrika. Weitere Versuche Italiens in den 1890er Jahren, ihre Kolonien auf Kosten Abessiniens zu erweitern, scheiterten. 1930 wurde der im Juli 1892 geborene Haile Selassie[43] zum Kaiser des Landes gekrönt und sah sich nur fünf Jahre später erneut einem großangelegten Versuch Italiens gegenüber, das Land zu unterwerfen.

Um den für einige Menschen überraschenden Frontwechsel Italiens von den „westlichen Mächten" zu einem der drei zentralen Bestandteile der „Achsenmächte" an der Seite Deutschlands und Japans nachvollziehen zu können, ist es wichtig, den Charakter dieses Krieges als den eines Kolonialkrieges zu begreifen. Damit trifft er sich aber mit dem Krieg, der zur selben Zeit in Berlin geplant wurde und dessen Charakter der 2018 verstorbene italienische Historiker und Philosoph Domenico Losurdo so einschätzte: „Es ist willkürlich, die schwärzesten Seiten des 20. Jahrhunderts, die vom Nazifaschismus geschrieben wurden, von den kolonialen Traditionen abzutrennen. Hitler hatte sich vorgenommen, Großbritannien und die USA zu imitieren: Er zielte darauf ab, ‚Deutschindien' in Osteuropa zu errichten oder dort eine koloniale Expansion zu erreichen, die derjenigen ähnelte, die seinerzeit von der nordamerikanischen Republik im Fernen Westen verwirklicht wurde. … Das deutsche Kolonialreich sollte errichtet werden dank der Zwangsarbeit der ‚Eingeborenen', der Slawen, reduziert auf Bedingungen substanzieller Sklaverei."[44] Im Bestreben der nachholenden Kolonisierung trafen sich Italien und Deutschland – das wog schwerer als die eher kleinlichen Grenzstreitigkeiten um Südtirol, das im Zuge des Anschlusses Österreichs an das Deutsche Reich aus der Sicht

---

43 Es war übrigens derselbe Mann, der nicht nur in der ersten geschriebenen Verfassung seines Landes 1931 die Sklaverei abschaffte und 1945 zu den Gründungsmitgliedern der UNO gehörte, sondern auch eine – gegen die alten Kolonialmächte gerichtet – Außenpolitik der Blockfreiheit forcierte und 1963 die „Organisation für die Einheit Afrikas" (OAU) gründete, dem Vorläufer der heutigen Afrikanischen Union, die deshalb bis heute ihren Sitz in Addis Abeba hat.
44 Domenico Losurdo, Der westliche Marxismus, Köln 2021, S. 240

Roms von einer Annexion durch Berlin bedroht war. Mit dem Aufmarsch der italienischen Armee gegen Addis Abeba waren die Konturen des kommenden Pakts zwischen Berlin und Rom klar: Italien wurde mehr oder weniger offen unterstützt vom faschistischen Deutschland in seinen Bemühungen, trotz der Widerstände seiner Partner aus dem Ersten Weltkrieg, Großbritannien und Frankreich, doch noch ein afrikanisches Kolonialreich zu errichten, und dafür hatte Deutschland den Segen Mussolinis für die Errichtung seines Deutschindiens durch Kolonisierung der slawischen Völker.

Am 3. Oktober 1935 griffen die italienischen Truppen von Eritrea und von Somalia aus das Kaiserreich Heile Selassies an. Die Streitkräfte unter Führung von De Bono waren mit fast einer halben Million Mann die größte Militärmacht, die bis dahin von Europa aus auf dem afrikanischen Kontinent versammelt worden war. Der Krieg kam daher für niemanden überraschend. Das ganze Jahr über waren schwer beladene, mit Kohle oder Öl betriebene Schiffe mit Kriegsmaterial durch den Suezkanal an die beiden Ausgangsstellungen der italienischen Streitmacht am Ostzipfel Afrikas geschippert. Jeder, der Augen hatte, zu sehen, konnte daher auch sehen, was gereicht hätte, um diesen offenen Aufmarsch zu verhindern: ein Ölembargo gegen Italien und / oder die Sperrung des Suezkanals, durch die Italien vor der unmöglichen Aufgabe gestanden hätte, die Verschiffung seines Kriegsmaterials durch die Straße von Gibraltar und um die Südspitze Afrikas herum durchzuführen.

Diese Option war Bestandteil der Debatten. Robert Anthony Eden, der britische Vertreter im Völkerbund, plädierte dafür, konnte sich damit innerhalb des britischen Kabinetts nicht durchsetzen. In den ganzen Monaten vor dem Einmarsch gab es intensive Gespräche um die Ausgestaltung der von allen tonangebenden Mächten des Völkerbundes befürworteten Sanktionen nach Artikel 16 der Völkerbundcharta. Alle waren vorbereitet, niemand überrascht. Obwohl Italien ohne Kriegserklärung einmarschierte, brauchte der Völkerbund keine zwei Wochen, um Italien zum Angreifer zu erklären und mit den Stimmen von 52 seiner 58 Mitglieder fünf Sanktionen nach Artikel 16 zu verhängen, die zum 18. November in Kraft traten: ein Waffenembargo, ein Einfrieren italienischer Devisen, ein Importembargo, ein auf eine Reihe von Gütern definiertes Exportembargo und die Errichtung eines Fonds, aus dem heraus die Mitgliedsstaaten unterstützt wurden, die unter den gegen Italien verhängten Sanktionen litten. Die New York Harald Tribune jubelte:

„Alle, die die letzten 14 Tage in Genf[45] die Ereignisse erlebt haben, hatten den Eindruck, dass sie dabei waren, als Geschichte geschrieben wurde und dass sie Zeugen wurden, wie eine neue internationale Macht Gestalt annimmt."[46] Andere beschrieben es als „das größte Experiment der modernen Geschichte".[47] Es scheiterte so grandios, dass der britische Historiker A.J.P. Taylor in der Rückschau davon sprach, dass der „wirkliche Tod des Völkerbundes sich nicht 1939 oder 1945 ereignete, sondern im Dezember 1935".[48]

Hätte sich der Kurs von Robert Anthony Eden auf Abschnüren der Öllieferungen und die Sperrung des Suez-Kanals durchgesetzt, so erklärte Mussolini später gegenüber Hitler, „hätten wir uns innerhalb von acht Tagen zurückziehen müssen"[49] – das wäre für Italien eine Katastrophe gewesen. Trotz erbitterter und zwischenzeitlich auch erfolgreicher Gegenwehr erlagen die abessinischen Truppen schließlich der überlegenen, auch Giftgas einsetzenden italienischen Streitmacht; der Kaiser floh nach Großbritannien, und am 5. Mai 1936 marschierten die Sieger dieses Kolonialkrieges auch in diese afrikanische Hauptstadt ein. Im Juli, nach nur 241 Tagen Dauer, wurden die vom Völkerbund beschlossenen Sanktionen gegen Italien aufgehoben.

Es gab während des Krieges und auch danach eine Reihe von Wortmeldungen, die diese letztlich krachend gescheiterten Sanktionen rechtfertigen. Sie seien eben auf langsames Austrocknen der Devisenreserven und auf ein langfristiges Abschnüren Italiens ausgerichtet gewesen und hätten ihre Wirkung entfaltet, wenn der Feldzug sich länger hingezogen hätte. Aber letztlich zeigte sich: Entscheidend sind nicht Geld-, entscheidend sind letztlich reale Güterströme. Und die flossen ungehindert durch den Suezkanal – so stark, dass Italien im Sommer 1935 der zweitstärkste Nutzer des Kanals nach Großbritannien selbst war. Vor allem aber hielten die USA Italien ökonomisch die Stange – alle Bemühungen um ein Ölembargo hatten die Zustimmung Washingtons zur Voraussetzung. Die Ölexporte der USA aber lagen im Dezember 1935, also auf dem Höhepunkt des Krieges, um 446 Prozent über denen vom Dezember 1934, und am 12. Februar 1935 entschied der Senat endgültig,

45 Sitz des Völkerbunds
46 Zitiert nach Mulder, a.a.O., S. 214
47 ebenda, S. 202
48 ebenda, S. 203
49 ebenda, S. 222

seine Neutralität in diesem Konflikt bis zum 1. Mai 1937 zu verlängern.[50] So wie die USA die Versorgung Italiens mit Öl sicherstellten, so zuverlässig stellte Deutschland die Versorgung mit Kohle sicher, und es gehörte auch sonst zu den Staaten, die sich den Sanktionen des Völkerbundes gegen Italien nicht anschlossen.

Die Niederlage Äthiopiens war nicht nur eine Niederlage des Völkerbunds. Sie markierte wegen der klaren Frontstellung Großbritanniens und Frankreichs auch den Übergang Italiens an die Seite Deutschlands und wurde sowohl von diesen beiden Ländern als auch von Japan unter dem Stichpunkt „Blockadefestigkeit" bei der Vorbereitung auf den sich bereits abzeichnenden großen Krieg intensiv ausgewertet. Mulder fasst diese Reaktion auf die gescheiterte Sanktionspolitik gegenüber Italien so zusammen: „Die ökonomischen Sanktionen, die von 1935 bis 1936 installiert wurden, wiederbelebten die latent seit dem 1. Weltkrieg nie verschwundene Angst vor eine Blockade. Sowohl im faschistischen Italien als auch im nationalsozialistischen Deutschland und im militaristischen Japan beschleunigte diese Episode die Suche nach einer sehr spezifischen Form der ökonomischen Autarkie: Resilienz gegenüber Sanktionen einer Blockade, die jeden Import von Rohmaterialien unterbinden würde. Diese defensive Reaktion entfaltete eine in hohem Maße instabile Dynamik. Weil keines der drei Länder – nach 1936/37 im Antikomintern-Pakt[51] vereinigt – sich selbst mit entscheidenden Rohmaterialien versorgen konnte, verstärkte ihre Suche nach einer Immunisierung gegen eine Blockadepolitik ihre Neigung zu territorialen Eroberungen."[52]

Der bei allen diesen Überlegungen entscheidende Rohstoff, ohne den moderne Kriege schon damals nicht durchführbar waren, war das Öl. Italien sicherte sich die Versorgung mit diesem Schmiermittel jeglicher Kriegsmaschinerie, indem es auf albanische Ölfelder zugriff, während Deutschland erhebliche private und staatliche Mittel für die Herstellung synthetischen Öls aus Kohle bereitstellte und die entsprechenden technologischen Verfahren entwickelte. Es gab in den späten dreißiger Jahren einen regelrechten Hype

---

50 alle Angaben nach Mulder, a.a.O., S. 202-225
51 Nachdem im Februar 1933 erst Japan, dann im Oktober Deutschland aus dem Völkerbund ausgetreten waren, gründeten diese beiden Länder 1936 den gegen die Kommunistische Internationale gerichteten Pakt, dem im November 1937 Italien und später auch andere Länder, u.a. Ungarn, beitraten.
52 Mulder, a.a.O., S. 227

dieser Kohleverflüssigung – entsprechende Fabriken entstanden nicht nur in Deutschland, sondern auch in Großbritannien und in Japan.

Mit Beginn der kriegerischen Auseinandersetzungen wurden alle drei Länder von Wellen patriotischer Aufrufe zur Sammlung wichtiger Rohstoffe ergriffen – Italien forderte zur Abgabe von Eheringen für das nationale Wohlergeben auf, Deutschland rief ab 1940 zur organisierten Wiederverwertung von Metall aller Art auf und machten vor allem Jugendliche auf diese Weise zu Schrottsammlern.

Insbesondere in Deutschland, in dem die Steckrübenwinter des Ersten Weltkrieges in breiten Volksschichten unvergessen waren, schlossen alle Vorbereitungen auf die kommenden Eroberungen die Frage der Versorgungssicherheit mit Grundnahrungsmitteln ein und schärften den expansiven Blick Berlins nach Osten: „Als der Schweizer Diplomat und hohe Kommissar des Völkerbundes, Carl Burckhardt, am 11. August (*1939 – M.S.*) Hitler in dessen bayrischen Sommerresidenz besuchte, eröffnete ihm der Führer: ‚Ich brauche die Ukraine, damit die (*also die Alliierten – M.S.*) uns nicht wieder wie im letzten Krieg aushungern können.'"[53]

Zu der Zeit waren alle Weichen bereits auf den großen Krieg gestellt. Als am 7. März 1936 Deutschland 30.000 Mann in das bis dahin entmilitarisierte Rheinland einmarschieren ließ, gab es ein kurzes Aufflackern im Völkerbund und in England, ob dies nicht der Zeitpunkt von energischen wirtschaftlichen Sanktionen gegen Deutschland sei. Das Kabinett in Westminster entschied sich dagegen – zu fragil schien ihm die wirtschaftliche Erholung nach der Depression der ersten Hälfte der 30er Jahre, zu sehr Deutschland als Exportmarkt auch für Großbritannien wichtig, zumal die Erfahrungen mit der Sanktionspolitik gegen das schwächere Italien keine Empfehlung auf Wiederholung nahelegten.

Das Muster wiederholte sich, als nur zwei Jahre später der Anschluss Österreichs an Deutschland erfolgte und auch, als sich Deutschland das Sudentenland mit Zustimmung Großbritanniens einverleibte. Diese Vorfeldexpansionen vor dem 1. September 1939 füllten die durch die Hochrüstung leerlaufenden Devisenreserven des Reiches wieder auf, festigten die industrielle Basis des Reiches und ließen die Möglichkeiten einer finanziellen Aus-

53 Mulder, a.a.O., S. 249

trocknung oder gar einer industriellen Erdrosselung Deutschlands in immer weitere Ferne rücken.

Als am 1. September 1939 deutsche Truppen die Grenzbäume Polens zerbrachen und Europa in den verlustreichsten und grausamsten Krieg seiner Geschichte stürzten, schwieg der Völkerbund. Sein zentrales Gremium, der Rat, trat in diesem Jahr nur noch einmal zusammen. Sein Thema war nicht Deutschland. Sein Thema war die Sowjetunion (SU). In Vorbereitung auf den – am 22. Juni 1941 ja auch erfolgten – Angriff des deutschen Imperialismus auf das Land, hatte die Führung der SU nicht nur in fast letzter Minute durch einen Nichtangriffsvertrag mit dem Deutschen Reich die notwendige Zeit erkauft, um sich auf diesen Angriff vorzubereiten. Stalin lud auch finnische Diplomaten nach Moskau ein, um angesichts der dicht an Leningrad liegenden Grenzen ein Tauschgeschäft vorzuschlagen: Rückzug der dortigen finnischen Truppen gegen Erwerb von umfangreichem Land auf der Kola-Halbinsel. Finnland lehnte ab, die Rote Armee marschierte daraufhin am 30. November in Finnland ein.

Vierzehn Tage später trat der Völkerbundrat in Genf zu seiner letzten Sitzung zusammen, um entsprechend Paragraph 4 des Artikels 16 die UdSSR angesichts dieses Angriffs aus dem Völkerbund auszuschließen. Es war nicht nur die letzte Anwendung des Artikels 16, es war gleichzeitig die letzte Sitzung des Rates überhaupt und damit das faktische Schlussdatum der Tätigkeit dieses nach dem Ersten Weltkrieg mit so vielen Hoffnungen gestarteten Forums.

Obwohl die Vertragslage durch den zwischen den europäischen Westmächten und Polen beschlossenen Verpflichtungen klar war, zögerten London und Paris mit einer Kriegserklärung gegen Deutschland und lavierten – sich dabei auch an Vermittlungsangebote Mussolinis klammernd – zwei Tage herum. Am 3. September um 9 Uhr überreichte schließlich der britische Botschafter in Berlin die Erklärung, „dass ab 11 Uhr Kriegszustand bestehe, falls Hitlerdeutschland nicht bereit sei, bis dahin die Angriffshandlungen gegenüber Polen einzustellen und seine Truppen zurückzuziehen."[54] Um 12.20 Uhr folgte der französische Botschafter mit einem Fristablauf um 17 Uhr. Vor dem Unterhaus erklärte Premierminister Neville Chamberlain: „Alles, wofür ich

---

54 Wolfgang Schumann, Gerhart Hass u.a., Deutschland im Zweiten Weltkrieg, Band 1, Berlin 1975, S. 173

gearbeitet habe, alles, woran ich im Laufe meines Lebens für die Öffentlichkeit geglaubt habe, liegt in Trümmern."[55]

Im Westen blieben die dort stationierten 110 Divisionen Großbritanniens
und Frankreichs, denen nur 23 deutsche gegenüberstanden, untätig und
ließen den deutschen Truppen bei der Niederschlagung Polens freie Hand.
In London begannen zwar die Vorbereitungen für eine erneute Blockade
Deutschlands, aber aktive Kampfhandlungen gab es erst mit dem Regie-
rungswechsel zu Winston Churchill im Mai 1940. In diesem Monat löste sich
auch ein Problem, das im Ersten Weltkrieg noch so viele logistische Probleme
bereitet hatte: Mit dem Einmarsch deutscher Truppen im April 1940 nicht nur
in Dänemark und Norwegen, sondern im Zug des Angriffs auf Frankreich ab
dem 10. Mai auch in den Niederlanden und Belgien erübrigte sich die Frage
der Behandlung neutraler Staaten – in diesem Status verblieben in Europa in
den nun folgenden Jahren nur Schweden, die Schweiz und formal Spanien,
wenn auch dessen Truppen Seite an Seite mit deutschen an der faschistischen
Ostfront verbluteten.

Spanien ist insofern eine kurze weitere Erwähnung wert, weil das Instrument der nunmehr nicht mehr vom Völkerbund, aber als bilaterale Maßnahme von den USA angewendeten Sanktionen hier Erfolg hatte: Die USA, die
damals vor der Sowjetunion der größte Erdölproduzent der Welt waren, hatten Spanien mit einer Kappung aller Öl-Lieferungen gedroht, sollte sich das
Land den Achsenmächten anschließen. Dessen Machthaber, General Franco,
beugte sich dieser Drohung und blieb zwar im Geiste mit Hitler und Mussolini verbündet, offiziell aber bis zum Kriegsende neutral – was ihm dank des
dann heraufziehenden Kalten Krieges seine Herrschaft bis weit in die zweite
Hälfte des 20. Jahrhunderts sicherte.

Der sich so in mehreren Stufen steigernde Zweite Weltkrieg erlebte nicht
nur eine Wiederholung der Blockadepolitik der alliierten Mächte gegen den
von Deutschland angeführten europäischen Block. Er fügte dieser traditionellen Blockade- und Sanktionspolitik auch zwei neue Elemente hinzu.

Zum einen ergab sich durch die Weiterentwicklung der Waffentechnik die
Möglichkeit, erstmals militärische Schläge tief im Inneren des Gegners auszuführen. Dazu waren weder die Artillerie noch die sehr in den Anfängen

55 ebenda

steckenden Luftstreitkräfte im ersten Viertel des zwanzigsten Jahrhunderts in der Lage. Die – anders als in Deutschland – in Großbritannien früh forcierte Entwicklung viermotoriger Langstreckenbomber[56] änderte das. Roundell Palmer, Großbritanniens Minister für die ökonomische Kriegsführung[57], beschrieb im House of Lords die ökonomische Kriegsführung als eine „gigantische Symphonie von Instrumenten der Zermürbung, bei der die Marine den Import von Kautschuk auf Malaya stoppt, während die Luftstreitkräfte die Fabriken für synthetischen Kautschuk in Deutschland zerstören."[58]

Zweitens gab es auf Initiative der USA unter seinem Präsidenten Franklin D. Roosevelt eine wichtige Akzentverschiebung zu dem, was Mulder als die „positive ökonomische Waffe"[59] bezeichnet. Die am 18. Februar 1941 beschlossenen Leih- und Pachtgesetze sahen die Möglichkeit vor, Waffen, Munition, Flug- und Fahrzeuge, Treibstoffe, Panzer und sogar Nahrungsmittel an die Mächte „auszuleihen", die Deutschland, Italien und Japan bekämpfen mit der Maßgabe, sie nach Ende der Kampfhandlungen entweder zurückzugeben oder aber sie dann zu bezahlen. Bis zum August 1945 verließen im Rahmen dieses Gesetzes Güter im Wert von rund 50 Milliarden Dollar die Vereinigten Staaten. Als Nebeneffekt wurden die USA die größte Gläubigernation und übernahmen die Finanzführerschaft der damaligen kapitalistischen Welt.

Vom Völkerbund war in dem Getöse der Panzer, Kanonen und Bomben spätestens seit dem 10. Mai 1940, der Genf faktisch vom Rest der Welt isolierte, nach außen hin nichts mehr zu hören. Seine Abteilungen wurden in die USA, nach England und Kanada ausgelagert, die meisten Mitgliedsstaaten zahlten ihre Beiträge nicht mehr, das Personal wurde bis auf ein paar Angestellte, die noch in ihre funktionslos gewordenen Büros schlurften, weitgehend heruntergefahren.

Es wäre aber fahrlässig, das Kapitel „Völkerbund" und die von dort entwickelten Instrumentarien internationalen Rechts damit für erledigt zu betrachten. Sie wurden – um mit Hegel zu sprechen – in den „Vereinten Nationen" im dreifachen Wortsinn aufgehoben: Der Völkerbund war zwar in seiner alten Gestalt erloschen, sein Erbe aber wurde bewahrt und auf eine höhere

---

56 in Großbritannien die „Lancaster", in den USA die B 17 „Flying Fortress"
57 Neffe von Robert Cecil, der britischen Symbolfigur des Völkerbundes
58 Mulder, a.a.O., S. 285
59 ebenda und das gesamte Kapitel 10, S. 259-290

Stufe gehoben. Sein Name ergab sich fast zwangsläufig aus dem Selbstverständnis der in der Antihitlerkoalition vereinigten „Vereinten Nationen" mit
ihrem Kern aus Großbritannien, der Sowjetunion und den USA (in der Reihenfolge ihres Kriegseintritts gegen Deutschland), erweitert im Blick auf die
japanische Aggression gegen China, dessen erstem und zahlenmäßig bedeutendsten Kriegsgegner, das gegen Tokio einen ähnlich hohen Blutzoll zu tragen hatte wie die Völker der Sowjetunion gegen den deutschen Faschismus.

Kapitel 3

Ein Kriegskind

Die Sanktionen der UNO-Charta

Die UNO ist ein Kriegskind. Sowohl ihre Herkunft als auch ihr wesentlicher Lebenszweck stehen ihr ins Gesicht geschrieben. Ihre Präambel braucht in der deutschen Übersetzung nur zwölf Worte, bis sie zu diesem Kern kommt: „Wir, die Völker der Vereinten Nationen – fest entschlossen, künftige Geschlechter vor der Geißel des Krieges zu bewahren, die zweimal zu unseren Lebzeiten unsagbares Leid über die Menschheit gebracht hat, …"[60]

Die gesamte Konstruktion dieses bisher größten, über Nationen hinausgreifenden politischen Werkes der Menschheitsgeschichte fußt auf dieser Erfahrung und zielt auf den Zweck, einen erneuten Krieg zu verhindern. Mit der Formulierung „zweimal" und „unsägliches Leid" ist auch der Fokus auf der Dimension dessen klar, was hier unter „Geißel des Krieges" zu verstehen ist. Sie sieht zwar auch Mechanismen für „örtlich begrenzten Streitigkeiten" vor, missachtet also nicht den Gedanken, dass es für diejenigen, die zusammen mit ihren Familien unter einem sogenannten kleinen Krieg leiden, keinen kleinen Krieg, sondern nur den großen gibt, der ihr Leben zerstört. Aber dennoch: Das Zentrum bildet dieses Doppelgemetzel 1914–18 und 1939–45. Das ist auch gerechtfertigt, wenn man sich die schieren Zahlendimensionen dieser Weltkriege vergegenwärtigt. Nehmen wir den letzten. Die Schätzungen, wie viele Menschen zwischen dem 1. September 1939 und dem 2. September 1945 in ihm gewaltsam zu Tode gekommen sind, schwanken zwischen 50 und

---

60   Charta der Vereinten Nationen und Statut des Internationalen Gerichtshofs, United Nations Regional Information Centre for Western Europe, www.unric.org, deutsche Version abgerufen am 20.09.2023

70 Millionen. Nehmen wir den Mittelwert und teilen ihn durch die Anzahl
der Tage dieses Krieges, ist das Ergebnis, dass dieser Fleischwolf Tag für Tag
27.000 Menschen in sich hineingefressen hat. An ruhigen Tagen waren es vielleicht nur 10.000, an anderen, wie bei den Schlachten um Stalingrad oder in
der Normandie oder gar an dem Tag, als Hiroshima starb, waren es weit über
27.000 Männer, Frauen und Kinder, die in 24 Stunden unter den Waffen oder
an kriegsbedingten Seuchen und Torturen verendeten.

Bereits im August 1941 wurde bei einem Treffen von Winston Churchill
und Franklin D. Roosevelt in der „Atlantik Charta" ein Papier veröffentlicht,
das wesentliche Grundlinien der späteren UN-Charta vorzeichnete.[61] Mit
dem Angriff Japans auf den US-Flottenstützpunkt Pearl Harbour und der
sich daran anschließenden Kriegserklärung Deutschlands an die USA bildeten sich um diesen Kern der Atlantik Charta die vier Kernstaaten, um die
sich die Mächte gruppierten, die schließlich die Hauptkriegstreiber Deutschland und Japan niederragen: China, Großbritannien, Sowjetunion und USA
(Reihenfolge hier nach Kriegseintritt). In den Folgejahren wurden parallel zur
Kriegsentwicklung diese Grundlinien in mehreren Konferenzen weiter aus-
gearbeitet. Wesentliche Schritte waren die Moskauer Konferenz der Außenminister Großbritanniens, der USA und der Sowjetunion vom 19. Oktober bis
1. November 1943 und insbesondere die Arbeitssitzungen vom 21. August bis
7. Oktober 1944 in Dumbarton Oaks nahe Washington, diesmal schon erweitert durch eine chinesische Delegation. Dort trafen sich die vier wichtigsten
späteren Siegermächte. In Dumbarton Oaks waren die Sanktionen ein zentra-
ler Gegenstand der Erörterungen. Darauf wird gleich noch näher einzugehen
sein. Sehr vereinfacht lässt sich sagen: Aus dem alten Artikel 16 des Völkerbundes wurden in Dumbarton Oaks die sehr präzise formulierten Artikel 41
und 42 der geplanten UN-Charta.

Zwei Wochen vor dem Kriegsende in Europa, am 25. April 1945, wurde in
San Francisco unter Mitwirkung von Delegationen aus 51 Staaten schließlich
die Konferenz eröffnet, in der die wesentlichen Bestimmungen der späteren
UNO vereinbart wurden. Die Grundkonstruktion mit einer starken Stellung
des Sicherheitsrates – dazu gleich mehr – war dort schon Konsens. In einer bis
heute nachwirkenden wesentlichen Weichenstellung gab es dort eine Ergän-

---

61 Die Präambel wurde fast wörtlich übernommen.

zung, auf die Mulder nach dem Hinweis, die französische Delegation hätte sich insbesondere von den Briten (mit denen sie am Ende des 1. Weltkrieges die Hauptsiegermächte bildeten) mit zu wenig Respekt behandelt gesehen, so eingeht: „Von 1944 bis 1945 aber zog Frankreich einen Gewinn aus der ungewöhnlichen Großzügigkeit der Alliierten. Churchill sicherte sich Stalins Zustimmung zu, der Regierung Charles de Gaulles einen ständigen Sitz im Sicherheitsrat zu gewähren."[62] Ohne diese „ungewöhnliche Großzügigkeit" wäre der Sicherheitsrat aus heutiger Sicht ausgewogener besetzt als heute: Seine Vetomächte würden zwei Staaten mit kolonialer Unterdrückungstradition sein – Großbritannien und die USA – und zwei aus dem Lager, das heute gegen das Diktat des traditionellen Westens opponiert – China und die Russische Föderation als Nachfolgestaat der Sowjetunion.

Die Spuren des Zweiten Weltkriegs durchziehen bis heute das ganze Dokument – im Artikel 53 ist weiter von den „Feindstaaten" die Rede, also zuallererst von Deutschland und Japan. Vor allem aber ist die gesamte institutionelle Konstruktion so geschaffen, dass die Mächte, die damals über den deutschen Faschismus und den japanischen Militarismus gesiegt hatten, den Schlüssel in die Hand bekommen haben, um das Tor zu einem Dritten Weltkrieg dauerhaft geschlossen zu halten – wohl wissend, dass es, einmal geöffnet, das Tor zur endgültigen Hölle auf Erden wäre. Das erste Ziel in Kapitel 1 ist folglich, „den Weltfrieden ... zu wahren".

Die Generalversammlung, in der jedes Mitglied eine Stimme hat, kann zwar über fast alles eine Resolution beschließen, was die Welt bewegt – aber auch das nur „vorbehaltlich des Artikels 12"[63], dessen erster Absatz aus nur einem Satz besteht: „Solange der Sicherheitsrat in einer Streitigkeit oder einer Situation die ihm in dieser Charta zugewiesenen Aufgaben wahrnimmt, darf die Generalversammlung in dieser Streitigkeit oder Situation keine Empfehlung abgeben, es sei denn auf Ersuchen des Sicherheitsrats." Bereits das weist auf die ganz zentrale Stellung des Sicherheitsrats hin, dem das gesamte Kapitel V der Charta gewidmet ist. Er besteht zurzeit aus fünf ständigen und zehn nichtständigen, von der Generalversammlung für jeweils zwei Jahre gewählten Mitgliedern. Die fünf ständigen Mitglieder sind nach Artikel 23 „die Republik China, Frankreich, die Union der Sozialistischen Sowjetrepubliken,

---

62   Mulder, a.a.O., S. 288
63   ebenda, Artikel 10

das Vereinigte Königreich Großbritannien und Nordirland sowie die Vereinigten Staaten von Amerika" bzw. ihre gegenwärtigen Nachfolgestaaten und im Falle Chinas die Volksrepublik. Artikel 24 legt fest: „Um ein schnelles und wirksames Handeln der Vereinten Nationen zu gewährleisten, übertragen ihre Mitglieder dem Sicherheitsrat die Hauptverantwortung für die Wahrung des Weltfriedens und der Internationalen Sicherheit und erkennen an, dass der Sicherheitsrat bei der Wahrnehmung der sich aus dieser Verantwortung ergebenden Pflichten in ihrem Namen handelt."

Die Beschlüsse des Sicherheitsrats schließlich, so legt der Artikel 27 fest, „bedürfen der Zustimmung von neun Mitgliedern, einschließlich sämtlicher ständiger Mitglieder …". Damit hat jeder der fünf Siegermächte des Zweitens Weltkriegs ein ständiges Vetorecht über alle Fragen der Friedenssicherung.

Das betrifft auch alle im Kapitel VII dargelegten "Maßnahmen bei Bedrohung oder Bruch des Friedens und bei Angriffshandlungen". Im einleitenden Artikel 39 stellt die Charta klipp und klar fest: „Der Sicherheitsrat stellt fest, ob eine Bedrohung oder ein Bruch des Friedens oder eine Angriffshandlung vorliegt, er gibt Empfehlungen ab oder beschließt, welche Maßnahmen auf Grund der Artikel 41 und 42 zu treffen sind, um den Weltfrieden und die internationale Sicherheit zu wahren oder wiederherzustellen." Was die Generalversammlung diskutiert und sagt, ist also eine völkerrechtlich unverbindliche Meinungsäußerung, eine Art momentanes Stimmungsbild, das zu konkreten Maßnahmen erst dann führen kann, wenn sich entsprechend Artikel 10 und 12 der Sicherheitsrat dieser Sache annimmt. Das weiß auch jeder, der in der Generalversammlung seine Hand hebt oder sie eben unten lässt.

Anders als in der Satzung des Völkerbunds wird die Frage der Sanktionen nicht in demselben Artikel wie die Frage der militärischen Zwangsmaßnahmen behandelt.

Der Artikel 41 sieht vor: „Der Sicherheitsrat kann beschließen, welche Maßnahmen – unter Ausschluss von Waffengewalt – zu ergreifen sind, um seinen Beschlüssen Wirksamkeit zu verleihen; er kann die Mitglieder der Vereinten Nationen auffordern, diese Maßnahmen durchzuführen. Sie können die vollständige oder teilweise Unterbrechung der Wirtschaftsbeziehungen, des Eisenbahn-, See- und Luftverkehrs, der Post-, Telegraphen- und Funkverbindungen sowie sonstiger Verkehrsmöglichkeiten und den Abbruch der diplomatischen Beziehungen einschließen."

Ähnlich aufgebaut sind die nachfolgenden Artikel, die dann die Anwendung von Waffengewalt durch die Vereinten Nationen detailliert regeln. Sie stehen nicht im Mittelpunkt dieses Buches. Über sie gibt es weitaus mehr Literatur als über die hier im Mittelpunkt stehenden Sanktionen nach Artikel 41 der UN-Charta.[64] Häufig wird bei allen innerstaatlichen Konflikten übersehen, dass die „Blauhelme" seit ihrem ersten Einsatz Ende der 1940er Jahre an mehr Konflikten beteiligt waren als irgendein Mitgliedsstaat der UNO – die im Zweiten Weltkrieg geborene Einsicht, dass die Völkergemeinschaft mindestens in der Perspektive kollektive Streitkräfte braucht, ist also alles andere als folgenlos geblieben.

Hinsichtlich von Wirtschaftssanktionen ist vollkommen klar: Mit dem Mandat der UNO und damit völkerrechtlicher Zulässigkeit wird es keine Sanktionen gegen China, Großbritannien, Frankreich, Russland und die Vereinigten Staaten von Amerika geben, solange diese Staaten eine Regierung haben, die sie in der UNO vertritt. Als ständige Mitglieder des Sicherheitsrates müssten sie sonst Sanktionen gegen sich selbst beschließen.

Ähnliches gilt in abgeschwächter Form auch für ihre engsten Verbündeten: Es ist kaum denkbar, dass enge Verbündete dieser fünf Mächte von Sanktionsbeschlüssen der UNO betroffen sein könnten.

Die gesamte Konstruktion des Sanktionsmechanismus der UNO-Charta – wie auch der ähnliche Mechanismus des militärischen Handelns der UNO – zielt darauf, einen oder auch mehrere Staaten (wie etwa Deutschland oder Japan) außerhalb der Völkergemeinschaft zu stellen, sie von wirtschaftlichen Verbindungen abzuschneiden und sie mit der geballten Militärmacht der vereinten Nationen zu bedrohen, wenn sie es wagen sollten, den Weltfrieden zu stören.

Wirtschaftssanktionen außerhalb dieses von der UNO definierten Rahmens sind politische und ökonomische Willkür. Sie sind völkerrechtswidrig.

Wie ist die Bilanz von Sanktionen entsprechend der Charta der Vereinten Nationen?

Angesichts der skizzierten Konstruktion der UN-Organisation, der zentralen Stellung des Sicherheitsrates und innerhalb des Sicherheitsrates der fünf ständigen Mitglieder, die über ein Vetorecht verfügen, ist es wenig verwunder-

---

64 Einen guten Einstieg geben Joachim A. Koops, Norric MacQueets, Thiery Tardy, Paul Williams u.a., The Oxford Handbook of United Nations Peacekeeping Operations, Oxford 2015.

lich, dass es vom 5. März 1946 an, an dem Churchill mit seiner Rede im US-Bundesstaat Missouri den Startschuss für die Ära des Kalten Krieges gegen die Sowjetunion und die maßgeblich von ihr vom Faschismus befreiten Staaten Osteuropas abfeuerte, so gut wie keine Sanktionen der UNO gegen ein Land gab. Vorstöße vor allem westlicher Staaten gab es einige. Verhindert wurden sie allein in der Periode von 1946 bis 1955 insgesamt 83mal durch ein Veto – 80mal eingelegt von der Sowjetunion, zweimal durch Frankreich und einmal durch China.[65]

In seiner sehr fundierten Untersuchung über die Sanktionspolitik der UNO fasst denn auch der Marburger Gesellschaftswissenschaftler und Philosoph Sascha Werthes diesen Zeitabschnitt, der erst 1990 zu Ende ging, in seiner Dissertation zusammen: „Auf den ersten Blick fällt auf, dass die Vereinten Nationen in der Zeit von 1945 bis 1990 so gut wie keine Sanktionsregime verhängt haben (…). Dieser Befund dürfte den Leser dieser Studie nicht besonders überraschen. Ein wesentlicher Grund war, dass der UN-Sicherheitsrat in den Zeiten des sogenannten Kalten Krieges nur selten konsensfähig oder –willig war, Zwangsmaßnahmen nach Kapitel VII zu ergreifen. Die besondere Rolle der fünf ständigen Sicherheitsratsmitglieder und ihre Möglichkeit, Entscheidungen mit einem Veto zu verhindern, erklären augenscheinlich die Schwierigkeiten der Konsensfindung in der damaligen Zeit der bipolaren und antagonistischen Weltordnung, die durch geopolitische Interessen geprägt war. Letztlich konnte sich der UN-Sicherheitsrat in dieser Zeit nur in zwei Fällen entschließen, Sanktionen zu verhängen."[66]

Diese beiden Fälle betrafen zum einen die Sanktionen gegen Südrhodesien von 1966 bis 1979 und zum anderen die gegen Südafrika von 1977 bis 1994.

Mit der Resolution 232 verhängte der Sicherheitsrat im Dezember 1966 das erste „nicht militärische Sanktionsregime und setzte eine ganze Reihe von Maßnahmen gegen das weiße Minderheiten-Regime in Kraft, das im November 1965 die Kontrolle über Südrhodesien übernommen hatte. … Die Sanktionen wurden im Dezember 1979 aufgehoben, nachdem das Smith-Regime die Kontrolle über Südrhodesien wieder aufgegeben hatte."[67]

65 Sascha Werthes, Die Sanktionspolitik der Vereinten Nationen. Rekonstruktion und Erklärung des Wandels der UN-Sanktionspolitik, Baden-Baden 2013, S. 16
66 ebenda, S. 81
67 Jeremy Matam Farrall, United Nations Sanctions and the Rule of Law, Cambridge 2007, S. 247 – mit einem ausführlichen und detaillierten Überblick über alle bis zum Erscheinen dieses Buches unter UN-Mandat überhaupt errichteten Sanktionen

Auch das zweite, noch mit Zustimmung sowohl der Volksrepublik China als auch der Sowjetunion errichtete Sanktionsregime richtete sich gegen einen rassistischen Staat: „Der Sicherheitsrat errichtete im November 1977 ein verpflichtendes Waffenembargo gegen Südafrika mit dem Ziel, die Fähigkeit der südafrikanischen Regierung einzuschränken, die internationale Sicherheit und den internationalen Frieden zu bedrohen. Als das Embargo errichtet war, wurden zusätzliche Ziele des Sicherheitsrates verkündet, um auch die Beseitigung der Politik der Apartheit, die Etablierung einer demokratischen Gesellschaft und die Durchsetzung gleicher Rechte für alle Bürger Südafrikas zu fördern. Der Rat setzte ein Sanktionskomitee ein, um die Sanktionen durchzusetzen. Das Sanktionsregime Nummer 418 lief 1994 aus, nachdem freie und gleiche Wahlen und die Amtseinsetzung von Nelson Mandela als Präsident Südafrikas erfolgt waren."[68]

Der Blick auf diese beiden Sanktionsmaßnahmen ist in zweifacher Hinsicht nützlich. Erstens widerlegt er schlagend die Meinung, die UNO hätte versagt und sei ohne wirkliche Machtmittel. In beiden Fällen endeten diese Sanktionen mit einem vollen Erfolg – nämlich mit der Herstellung wenigstens formal gleicher Rechte für alle in Südrhodesien und Südafrika lebenden Menschen unabhängig von ihrer Hautfarbe. Zweitens widerlegen beide Vorgänge die Mär, die kommunistisch regierten Länder im Sicherheitsrat wären in der Vergangenheit Länder des „Nein"-Sagens gewesen. Sie haben nicht nur zugestimmt, sondern die Sanktionen gegen die Rassistenregierungen forciert.

Mit der Zerschlagung und dem Zusammenbruch des realen Sozialismus zwischen der Elbe und der Beringstraße in den Jahren 1989 und 1990 wandelte sich auch für knapp zwei Jahrzehnte das Bild der Sanktionen: „Mit dem Ende des sogenannten Kalten Krieges waren die Chancen für einen Konsens innerhalb des UN-Sicherheitsrats signifikant gestiegen. Dies spiegelte sich auch im gravierenden Anstieg von Kapitel-VII-Resolutionen (…) durch den Sicherheitsrat wider. … Es lässt sich wohl durchaus behaupten, dass die Vereinten Nationen mit dem Ende des sogenannten Kalten Krieges zu einem der zentralen Ausgangspunkte im Hinblick auf Initiativen zur Bewältigung von Konflikten und Krisen geworden sind (…). Dies spiegelt sich in der Zunahme der verhängten Sanktionsmaßnahmen wider."[69]

---

68 ebenda, S. 255
69 Werthes, a.a.O., S. 85f; auf S. 33 spricht er sogar von den 1990er Jahren als einer ‚Sanktionsdekade'

Auf diesen Zusammenbruch der im „Rat für gegenseitige Wirtschaftshil-
fe" (RGW) zusammengeschlossenen sozialistischen Staaten, die sich um die
Sowjetunion herum gebildet hatten, folgte eine Sanktionsdekade von 1990 bis
2000, die sowohl quantitativ als auch qualitativ eine regelrechte Explosion
der von der UNO vollzogenen Sanktionspolitik sah. Betroffen waren – teilweise bis heute – der Irak, Jugoslawien, Somalia, Libyen, Liberia, Haiti, An-
gola, Ruanda, der Sudan, Sierra Leone und Afghanistan. Die Formel von der
Bedrohung des Weltfriedens wurde weit gefasst. Im Falle Angolas wurden
entsprechend der UN-Charta – ähnlich wie gegen das Regime in Südrhodesien – Sanktionen auch „gegen eine substaatliche Fraktion in einem Bürgerkrieg" verhängt (1993 bis 2002). Das in den genannten Fällen angewendete
Instrumentarium reichte von Waffenembargos über Finanzsanktionen, Reise-
und Flugbeschränkungen bis zu Rohstoffembargos.

Es würde den hier zur Verfügung stehenden Rahmen sprengen, die einzelnen Sanktionen kritisch darzulegen.[70] Zumindest aber diejenige Sanktion,
die am Beginn dieser angesichts ihres Umfangs zu Recht als „Sanktionsdekade" bezeichneten Zeit steht, sollte hinsichtlich der dabei deutlich werdenden Problematik kurz erwähnt werden: die gegen den Irak. Sie begann mit
der Sicherheitsrats-Resolution 661 vom 6. August 1990 kurz nach dem Einmarsch irakischer Truppen in Kuwait. Kernziel war die „Entwaffnung des
Irak von nuklearen, chemischen und biologischen Waffen und anti-ballis-
tischen Raketen mit einer Reichweite von mehr als 150 Kilometern. … Im
Mai 2003, nachdem Saddam Husseins Regierung durch eine Invasion von
bewaffneten Truppen, die von den Vereinigten Staaten angeführt wurden,
gestürzt war, ließen die Vereinten Nationen die meisten der Sanktionen auslaufen… Zugleich verhängte der Rat neue, finanzielle Sanktionen gegen die
Mitglieder der vorherigen Regierung Husseins und ihre engeren Familienmitglieder."[71]

Im Nachgang zu diesem Sanktionsregime entfaltete sich eine bis heute
nachwirkende Kritik seiner Wirkungen – bezogen vor allem auf Russland
auch eine Art Selbstkritik: „Die nicht intendierten (Neben-)Folgen des umfassenden Sanktionsregimes führten zu gravierenden humanitären Auswirkungen in der irakischen Zivilbevölkerung sowie zu starken wirtschaftlichen

---

70   dazu ausführlich Farrall, a.a.O., S. 247 bis 463
71   ebenda, S. 262

Problemen in den Nachbarstaaten. Manche Quellen sprechen von mehr als 500.000 toten Kindern infolge des Sanktionsregimes (…). Diese gravierenden humanitären Folgen des Sanktionsregimes führten zu teilweise hitzigen Debatten über die Legitimität und die Angemessenheit von … Sanktionsregimen als Konfliktregelungsinstrument (…). Zwar versuchten die UN in nachfolgenden Resolutionen, die humanitären Folgen zu minimieren (z. B. mittels des umstrittenen ,Öl für Lebensmittel-Programms'). Dies gelang allerdings nicht wirklich. So traten denn (*sowohl – M.S.*) Denis J. Halliday als auch Hans-C. Graf Sponeck von ihrem Amt als UN-Koordinatoren und beigeordnete UN-Generalsekretäre für das Programm ,Öl für Lebensmittel' aus Protest zurück."[72]

Diese Maßnahmen, die zu einem Massensterben von Kindern in sechsstelliger Zahl führten, waren, wie heute jeder weiß, der es wissen will, auf Lügen aufgebaut – der Irak hat die sanktionsauslösenden Waffen niemals besessen. Ähnlich wie in Libyen und anderen Fällen war das bis heute nachwirkende Ergebnis auch dieser Maßnahmen die Zerstörung der Staatlichkeit weiter Teile Afrikas, die mittelbar auch verantwortlich sind für die Hilflosigkeit, mit der im Sommer 2023 die Bevölkerung Nordlibyens den Zusammenbruch ihrer seit den Embargo-Maßnahmen langsam zerfallenden Hochwasserschutzeinrichtungen mit abermals einer sechsstelligen Anzahl von zivilen Todesopfern ansehen musste.

Werthes weist am Beispiel des Irak auf ein weiteres gravierendes Problem in dieser Sanktionsdekade hin. Sowohl Russland als auch China zeigten eine große Bereitwilligkeit, den damals überwiegend von den anderen drei ständigen Mitgliedern im Sicherheitsrat ausgehenden Vorschlägen zur Verhängung von Sanktionen jedenfalls keinen Widerstand durch ein „Nein" entgegenzusetzen: „Die UN-Resolutionen sahen kein automatisches Auslaufen oder eine neuerliche Mandatierung der Sanktionsmaßnahmen zu einem bestimmten Zeitpunkt vor. Stattdessen hatte der UN-Sicherheitsrat mittels einer neuen Resolution darüber zu entscheiden, ob er die Sanktionsbedingungen als erfüllt betrachtete und die Sanktionsmaßnahmen beenden wollte. Dies bedeutete faktisch, dass die fünf ständigen Mitglieder des Sicherheitsrats über eine Veto-Option hinsichtlich der Aufhebung der Sanktionen verfügten. Be-

---

72 Werthes, a.a.O., S. 88

reits Mitte der 1990erJahre wurde die Problematik dieses Verfahrens deutlich, als Frankreich, Russland und auch China erkennen ließen, dass sie zur Aufhebung der Sanktionsmaßnahmen bereit wären (…). … Entsprechende Bemühungen scheiterten jedoch letztlich immer am Willen der USA, die keinen Hehl daraus machten, dass sie zu einer Aufhebung der Sanktionen erst bereit waren, wenn Saddam Hussein nicht mehr an der Macht war."[73]

Die obigen Ausführungen machen schon auf einen flüchtigen Blick eine Problematik deutlich, auf die beispielsweise die Völkerrechtlerin Andrea Charon hinweist: „… ist die Geschichte der Sanktionen eine Geschichte Afrikas. Insgesamt zielen 50 Prozent aller UN-Sanktionsmaßnahmen auf diesen Kontinent."[74] Die UN-Vollversammlung vom September 2023, in der der Versuch der um die USA gruppierten Staaten scheiterte, abermals Russland für seine zum Schutz der russischsprachigen Bevölkerung im Süden der Ukraine vorgenommenen militärischen Maßnahmen zu verurteilen, sah nicht nur die Länder des sogenannten globalen Südens in der Offensive gegen NATO und EU. Auf dieser Vollversammlung gab es ein regelrechtes Aufbäumen vieler afrikanischer Staaten gegen die Tendenz von Einzelstaaten, aber auch der auf Beschluss der UNO, Sanktionen gegen afrikanische Staaten zu verhängen.[75] Dieses Aufbegehren hat seine Wurzeln in der von Charron und anderen bereits 2011 kritisierten belehrenden Fokussierung des Wertewestens auf den sogenannten schwarzen Kontinent. Flapsig gesagt: Die Erkenntnis „Man trifft sich immer zweimal im Leben" gilt auch auf der internationalen Bühne.

Nicht nur aufgrund dieses sich seit der Jahrtausendwende zunehmend vertiefenden Gefühls der Instrumentalisierung der UN für Sanktionsmaßnahmen, die letztlich nur den Interessen der USA und der mit ihnen verbündeten Staaten dienten, nimmt die Zahl der vom UN-Sicherheitsrat verhängten Sanktionsmaßnahmen seitdem wieder ab. Dies ist auch Ergebnis des Eindrucks, den der Außenminister der Russischen Föderation in der schon erwähnten Vollversammlung der Vereinten Nationen am 23. November 2023 mit den Worten zusammenfasste: „Die 'Visitenkarte' des ‚kollektiven Wes-

---

73 ebenda, S. 89
74 Andrea Charron, UN Sanctions and Conflict, Responding to peace and security threats, New York 2011, S. 188; Werthes kommt sogar auf 60 Prozent hinsichtlich der Periode 1990 – 2010 (a.a.O., S. 167)
75 Einen guten Überblick gibt dazu die Schwerpunktseite 3 der Tageszeitung junge Welt vom 28.09.2023.

tens' sind seit langem die Verweigerung des Grundsatzes der Gleichberech-
tigung und totale Vertragsuntreue. Gewohnt, auf die übrige Welt von oben
herab zu schauen, geben Amerikaner und Europäer ständig Versprechen ab,
auch schriftliche und juristisch verpflichtende. Danach erfüllen sie sie einfach
nicht. Wie Präsident Wladimir Putin feststellte, ist der Westen ein wahres ,Im-
perium der Lüge'".[76]

Es wäre angesichts der Erfahrungen mit den UNO-Sanktionen während
der Sanktionsdekade und insbesondere hinsichtlich ihrer Auswirkungen
auf den Irak und die Staaten Afrikas folgerichtig gewesen, wirtschaftliche
Sanktionen mit mehr Augenmaß einzusetzen – auf die von der UNO-Charta
bewusst auf eine Gefahr für den Weltfrieden konzentrierten Fälle und sehr
genau abwägend hinsichtlich ihrer Wirkungen. Das Gegenteil aber war und
ist der Fall, wie Mulder fast schon resignierend in seinem Schlusskapitel zusammenfasst: „Diese humanitären Alpträume[77] waren eine wichtige Erinnerung an die tödliche Entstehungsgeschichte der Sanktionen am Beginn des
20. Jahrhunderts. Aber die meisten ökonomischen Sanktionen, die heutzutage verhängt werden, sind in ihrem Charakter viel profaner. Im Jahre 2015 schätz-
te ein UN-Vertreter, dass heute ein Drittel der Weltbevölkerung in Ländern
lebt, die unter irgendeiner Form von ökonomischen Sanktionen stehen. … Die
heutigen omnipräsenten Sanktionen haben einen weiten Weg zurückgelegt
seit ihrem Ziel, zwischen den beiden Kriegen einen weiteren Krieg zu verhindern."[78]

Mulder bringt bereits das auf den Punkt, was sich seit der Zeitenwende,
die Lawrow und andere in New York im September 2023 so scharf geißelten,
schon weltweit länger erkennen ließ: „Diese Normalisierung von Sanktionen
als Teil einer alltäglichen Realität internationaler Politik unterstreicht einen
zweiten Punkt: Die Konsequenzen des Aufstiegs der USA zu einer Weltmacht
im zwanzigsten Jahrhundert. … 1929 war Präsident Herbert Hoover, ein Neu-
tralist und humanistisch orientierter Internationalist, noch in der Lage, Sanktionen als fundamental unamerikanisch zu bezeichnen, als eine anachronis-

---

76 Rede des Außenministers der Russischen Föderation am 23. September 2023, junge Welt,
    26.09.2023
77 Gemeint war vor allem der Irak, „dessen Strangulierung durch die Hände des UN-Si-
    cherheitsrates hunderttausende Menschenleben kostete und die sozialen und ökonomi-
    schen Strukturen des Landes dauerhaft zerstörte."; Mulder, a.a.O., S. 293
78 Mulder, a.a.O., S. 293

tische Form des europäischen Imperialismus. Gut ein Jahrzehnt später ging Roosevelts Hinwendung zur globaler Vorherrschaft Hand in Hand sowohl mit dem Gebrauch negativer Sanktionen (Öl-Embargos) als auch positiver Sanktionen (Pacht- und Leihverträge). … In der Praxis ist das Hauptquartier für Sanktionen von den Vereinten Nationen in New York zu den Institutionen für Nationale Sicherheit nach Washington umgezogen."[79]

Dort, am Potomac River, entstand seit der Jahrtausendwende eine von den USA und „dem ihnen untergeordneten ‚westlichen Kollektiv'"[80] zum Ende des ersten Quartals des 21. Jahrhunderts gebildete Sanktionsmaschinerie, die zunehmend rücksichtslos – zunächst – gegen schwächere Staaten in Stellung gebracht wurde. Angesichts der Loslösung dieser Maschinerie von allen Bindungen an die Regeln der Vereinten Nationen stellen wir das unter die Überschrift „Völlig losgelöst".

79 ebenda
80 Lawrow, a.a.O., S. 13

Kapitel 4

Völlig losgelöst

Gegen schwächere Nationen gerichtete völkerrechtswidrige Sanktionen von USA und EU am Beispiel Kuba und Syrien

Über einen Zeitraum von einem Jahrzehnt hatte sich nach 1989 in den regierenden Kreisen vor allem Russlands, aber auch Chinas als der Minderheit der fünf ständigen Sicherheitsratsmitglieder, die Einsicht herausgebildet, dass die Einwilligung in Sanktionen nach den Bestimmungen der Charta der Vereinten Nationen häufig nur eine Weißwaschung von Maßnahmen war, die der Unterordnung Unbotmäßiger unter den Willen der klassischen Kolonialmächte und ihrer – seit 1945 zur Anführerin gewordenen – US-amerikanischen Tochter diente. Folgerichtig lief wie dargestellt um das Jahr 2000 herum die Periode von Sanktionen unter UN-Mandat praktisch aus.

Das führte aber nicht etwa dazu, dass Sanktionen überhaupt zu einer Sache wurden, die nunmehr vor allem Historiker interessierte. Ganz im Gegenteil: Wie scheinbar befreit von der Fessel tage- und nächtelanger Verhandlungen innerhalb der UNO-Gremien explodierte die Liste der von den mächtigen G7-Staaten[81] der westlichen Welt gegen andere Staaten verhängten Sanktionen. Sie richtete sich vor allem gegen Staaten in Afrika, aber auch in Lateinamerika und Asien. Die Sanktionen verfolgten das offen verkündete Ziel, diese Länder durch die Verhängung solcher Maßnahmen zu einer Politik zu zwingen, die den Forderungen Nordamerikas, Westeuropas und Japans entsprechen. Es entstand eine regelrechte Sanktionsmaschinerie.

---

81 USA, Vereinigtes Königreich, Frankreich, Italien, Deutschland, Kanada, Japan

Die Fülle ihrer einzelnen Schräubchen und Bestandteile ist nicht nur zu komplex, um sie in diesem Buch auch nur annähernd darstellen zu können. Sie sprengt überhaupt das Format jedes Buches, weil die entsprechende Auflistung sich binnen weniger Wochen in der Regel verändert – meist durch zusätzliche Sanktionen, zuweilen auch durch Streichung einzelner Maßnahmen, wenn sie aus der Sicht Washingtons, Londons, Brüssels oder Berlin ihren Zweck entweder erreicht haben, oder der innenpolitische Widerstand vor allem wegen der ökonomischen Kollateralschäden zu groß geworden war oder zu werden drohte.

Inzwischen gehört es zur Routine des Managements jedes Unternehmens der westlichen Hemisphäre, vor jeder Tätigkeit, die in irgendeiner Weise Fragen des Exports oder Imports von Waren oder Dienstleistungen betrifft, die entsprechende Internet-Seite der US-amerikanischen Regierung aufzurufen. Das „U.S. Department of the Treasury" hat dafür ein eigenes Büro gebildet – das Office of Foreign Asset Control. Dessen Abkürzung OFAC kennt jeder, der auf diesem Globus gegenwärtig Handel treiben will. Die Liste der dort aufgeführten Sanktionsbestimmungen wird laufend aktualisiert und umfasste am 18. Oktober 2023, als dieses Kapitel des vorliegenden Buches entstand, 38 Staaten bzw. Kategorien wie „Transnationale terroristische Organisationen". Die Liste bildet neben entsprechenden Listen der EU den Kernbestandteil einer florierenden Beraterindustrie. Diese arbeitet sie in EDV-Programme ein, welche wiederum an Unternehmen verkauft werden, die sicher sein wollen und – mit Blick auf ihre Bilanzen – auch sein müssen, ob sie sich in ihrem Import-Export-Verhalten auch wirklich an alle Bestimmungen aus Washington und Brüssel halten.[82]

Es wäre eine verkürzte Sicht auf die geschichtliche Entwicklung, die Entstehung dieser von der UNO völlig losgelösten Sanktionsmaschinerie auf die Jahrtausendwende zu datieren. Sie kommt von dort an richtig in Schwung. Die Verhängung von Sanktionen an der UNO vorbei hat aber eine längere Tradition.

---

82 Eine der vielen Websites, die versuchen, eine jeweils aktuelle Liste der gültigen Sanktionsregimes zu pflegen, ist zum Beispiel „descartes.com", die gegen den Einwurf kleiner oder größerer Geldscheine Programme zum „Screening" der eigenen Exporttätigkeiten bietet.

Um das zu unterstreichen, sollen im Folgenden exemplarisch zwei völkerrechtswidrige Sanktionsregime – also solche ohne UNO-Mandat – etwas näher beleuchtet werden: die seit 1960 gegen Kuba und die seit 2011 von den USA und der EU gegen Syrien verhängten Sanktionen.

Kuba

Bei Wikipedia liest sich die Darstellung der geschichtlichen Entwicklung der Blockade gegen Kuba so: „Das Embargo der Vereinigten Staaten gegen Kuba … ist ein aus mehreren Maßnahmen bestehendes Handels-, Wirtschafts- und Finanzembargo, das sich gegen die ab 1959 von Fidel Castro, seit 2008 von seinem Bruder Raúl geführte Regierung richtet. Die ersten Maßnahmen wurden 1960 von Präsident Dwight D. Eisenhower verhängt, nachdem die kubanische Regierung Eigentum von Bürgern und Unternehmen der Vereinigten Staaten im Umfang von rund einer Milliarde US-Dollar enteignet hatte."[83]

Diese „ersten Maßnahmen", unter anderem das Verbot der Einfuhr von Erdöl nach Kuba und das Verbot aller Importe von Kuba in die USA, hatten keinen Erfolg – weder hinsichtlich der Wiedererlangung von Eigentumstiteln noch hinsichtlich des Zieles, Kuba von der sich damals abzeichnenden sozialistischen Orientierung abzubringen.

Wie sehr Erwartung und Realität schon damals, als sich die USA auf dem Höhepunkt ihrer ökonomischen Macht und ihres politischen Ansehens befanden, auseinanderklafften, wird an einem Vorgang deutlich, der sich zwei Jahre nach diesen ersten Blockademaßnahmen abspielte. Eisenhowers Nachfolger als US-Präsident, John F. Kennedy, bündelte damals alle Maßnahmen zu einer totalen Blockade. Das verband er offenbar mit der Erwartung einer schnellen Wirksamkeit, wie Michael Thoss, Leiter des Goethe-Instituts in Havanna und Rainer Schultz, Historiker in Havanna, erzählen: „Wenige Stunden bevor US-Präsident John F. Kennedy am 3. Februar 1962 ein totales Embargo gegen Kuba verhängte, ließ der junge Katholik noch alle kubanischen Zigarren, die es in Washington gab, aufkaufen. Sein Berater Pierre Salinger brachte ihm noch in

---

83 Wikipedia, Stichwort „Embargo der Vereinigten Staaten gegen Kuba", abgerufen am 16.10.2023

der Nacht 1.200 Upmanns ins Weiße Haus. Länger sollte es ihrer Meinung nach nicht dauern, bis die bärtigen Revolutionäre in Havanna gestürzt wären und ein ‚status quo ante' auf der seit 1898 von den USA militärisch besetzten und ökonomisch dominierten Insel wieder möglich sein sollte."[84]

Die Zigarren werden inzwischen aufgebraucht sein, die Blockade besteht seit nunmehr über 60 Jahren und unter 13 US-amerikanischen Präsidenten ungebrochen fort. Die Vereinten Nationen, deren Vollversammlung Jahrzehnt für Jahrzehnt die Sanktionen gegen Kuba verurteilten, schätzen Thoss und Schultz zufolge den Schaden für die Inselrepublik in diesen sechs Jahrzehnten auf 130 Milliarden US-Dollar.[85] Kubas Außenminister Bruno Rodríguez selbst bezifferte die Gesamtschäden in einem im Oktober 2023 vorgestellten Bericht auf insgesamt 160 Milliarden Dollar seit Verhängung der Blockade.[86]

Die 1960 begonnene Blockade Kubas verfolgt Ziele, die aus der Geburtsgeschichte der Sanktionen im Ersten Weltkrieg wohlbekannt sind: „In einem Memorandum vom April 1960 beschreibt der damalige Unterstaatssekretär Lester Mallory als strategisches Ziel der Embargopolitik, ‚Kuba Geld und Versorgung zu rauben, um die Nominal- und Reallöhne zu reduzieren sowie Hunger, Verzweiflung und den Sturz der Regierung zu provozieren'. Im selben Jahr präsentiert CIA-Direktor Allen Dulles einen geheimen ‚Vier-Punkte-Plan', um die Castro-Regierung zu stürzen. Daraus erwächst unter Eisenhower das sogenannte Economic Denial Program, das J. F. Kennedy als Antwort auf Kubas Orientierung an der Sowjetunion und an dem ‚sozialistischen Lager' im Frühjahr 1962 zu einem umfassenden Finanz-, Handels- und Wirtschaftsembargo erweitert."[87]

Es liegt schon angesichts dieser Begründung – dem zweifelsfrei bestehenden Recht der kubanischen Regierung, sich außenpolitisch von der Abhängigkeit von den USA zu lösen und sich dem damals stärker werdenden sozialistischen Lager zuzuwenden –, auf der Hand, dass diese Maßnahmen niemals auch nur den Hauch einer Chance auf Einstimmigkeit im UN-Sicher-

---

84 Michael M. Thoss, Rainer Schultz, Sechs Jahrzehnte US-Embargo, in: Forum Wissenschaft 4/22, S. 49

85 Studien der Cuba Policy Foundation zufolge gehen der US-Wirtschaft durch das Embargo jährlich auch rund 5 Milliarden Dollar an Exporterlösen verloren – der Schaden ist also zwar ungleichmäßig verteilt, aber nicht völlig einseitig. (vgl. Thoss/Schultz, a.a.O., ebenda).

86 junge Welt, 21./22.10.2023

87 Thoss/Schultz, a.a.O., S. 49

heitsrat hatten. Die zusammengezimmerte rechtliche Grundlage war daher auch hier der aus dem zweiten Kapitel dieses Buches bekannte Rückgriff auf den Ersten Weltkrieg – also aus US-amerikanischer Sicht auf das „Trading with the Enemy"-Gesetz, das sich damals gegen Deutschland und seine Verbündeten richtete.

Zwischen den ersten Maßnahmen Eisenhowers und Kennedys zigarrenhortender Vollblockade Kubas als Strafe für die Hinwendung nach Moskau liegt das dreitägige Desaster in der „Schweinebucht". Mit dieser Operation wollte – den Quellen nach widerstrebend – der neugewählte US-Präsident im April 1961 angesichts der bescheidenen politischen Erfolge der ersten Wirtschaftssanktionen gegen Kuba auf die militärische Karte setzen. Als die in den USA ausgerüsteten Truppen kläglich gescheitert, 1000 von ihnen in Gefangenschaft geraten, knapp 100 Soldaten tot waren und der Rest der fast 1500 köpfigen Truppe den Rückzug angetreten hatte, und als den USA sieben Bomber und zwei Schiffe verlorengegangen waren, resümierte die damalige Regierung, dass eine Kuba-Strategie ohne vorherige totale Blockade des Landes keine Aussicht auf Erfolg habe.

Es zeigt sich hier – wie schon bei der Geburt der Sanktionspolitik im Ersten Weltkrieg – die enge Verklammerung dieser Waffe mit den üblichen Kriegswaffen. Sanktionen dienten auch im Falle Kuba nicht als Ersatz für kriegerische Handlungen, sondern als ihre Ergänzung und Voraussetzung für den Erfolg militärischer Maßnahmen. Ein Element war auch die militärische Schlussfolgerung des Pentagon, dass neben der hohen Motivation der kubanischen Truppen auch deren Ausrüstung ein Grund für das Scheitern der Invasionstruppe war: Die kubanische Luftwaffe bestand aus Lookheed- und Hawker-Maschinen aus US-amerikanischer Produktion, die noch aus der Zeit vor der Revolution stammten und intakt waren. Sie sollte durch die Totalblockade ihres Ersatzteilnachschubs beraubt und die kubanische Armee vor einer Operation „Schweinbucht II" entwaffnet werden.

Angesichts dieses Kalküls ist das helle Entsetzen nachvollziehbar, das im Pentagon um sich griff, als rund 9 Monate später die Gespräche zwischen der kubanischen und sowjetischen Regierung soweit gediehen waren, dass die Sowjetunion Anfang 1962 auch militärisches Material nach Kuba zu verschiffen begann. Damit war klar, dass Kuba nicht gewillt war, sein aus Zeiten der US-Unterordnung stammendes Kriegsmaterial der hilflosen Verrostung preiszugeben, wie es die Pentagon-Planungen vorsahen.

Als die kubanische Regierung dann auch ihr Einverständnis dafür gab, auf Kuba auf Bitten der Sowjetunion die Stationierung atomwaffenfähiger Mittelstreckenraketen als Antwort auf entsprechende Stationierungen der USA in der Türkei und Mitteleuropa zu genehmigen, rissen in den USA alle Geduldsfäden. Die auch gegen Schiffe der Sowjetunion verhängte Totalblockade[88] Kubas führte im Oktober 1962 die Welt so dicht an einen atomaren Schlagabtausch wie bis in unsere heutige Gegenwart nicht wieder. Diese Schiffsblockade erfolgte ohne jede Konsultation geschweige denn mit Genehmigung der UNO-Gremien. Sie war unbestritten völkerrechtswidrig. Vor dem Hintergrund heutiger Diskussionen mutet ihre Verhängung geradezu absurd an: Kuba tat nichts anderes als Waffen eines Drittlandes zu beziehen, ohne dass mit ihnen auch nur eine einzige Kampfhandlung vollzogen wurde.

Obwohl sich bereits in den 1960er und spätestens in den 1970er Jahren abzeichnete, dass die Blockade Kubas zwar massive wirtschaftliche Auswirkungen auf das 11-Millionen-Volk in der Karibik haben, das politische Hauptziel aber – den Sturz der Revolutionsregierung – nicht erreichen würde, haben alle 13 Präsidenten der USA diese Politik der Erdrosselung fortgeführt. Lediglich die Festigkeit des Knebels variierte.

Auch die Hoffnungen, Kuba würde nach dem Sieg der Konterrevolution in Osteuropa und auf dem Gebiet der Sowjetunion als Kollateralschaden mit in diesen Sog geraten, haben getrogen. Obwohl das Land auch die „periodo especial" überstanden hatte, gab es kein Einlenken der US-Administration. Im Gegenteil, es bestand offenbar die Hoffnung, die Dosis der wirkungslosen Medizin (bzw. des politisch wirkungslosen Giftes) zu erhöhen, wenn der gewünschte Effekt noch nicht eingetreten ist. Beispielhaft dafür steht das „Helms-Burton"-Gesetz von 1992, benannt nach seinen Initiatoren, dem Senator Jesse Helms und dem Mitglied des US-Repräsentantenhauses, Dan Burton. Es wurde nach seiner Verabschiedung durch beide Häuser des Kongresses von Bill Clinton unterzeichnet, allerdings zunächst nicht vollumfänglich angewendet – was unter der Präsidentschaft von Donald Trump dann

---

88   Ganz stimmt dies nicht – laut Wikipedia gelang der DDR ein Blockadebruch: „Die Völkerfreundschaft, ein Urlauberschiff der DDR mit 500 Passagieren an Bord, ignorierte den Blockadering der Amerikaner und riskierte damit, von ihnen aufgebracht zu werden. John F. Kennedy verhinderte dies persönlich, das Schiff konnte somit in Havanna einlaufen." (Wikipedia, Stichwort „Kubakrise", Abschnitt ‚Samstag, 27. Oktober', abgerufen am 17.10.2023)

nachgeholt wurde. Der wesentliche Aspekt der Verschärfung gegenüber den bisher verhängten Maßnahmen besteht darin, dass die US-Justiz ermächtigt wird, gegen Unternehmen aus Drittländern vorzugehen, die gegen das US-Embargo verstoßen. Das ist nicht wirkungslos. So mussten die italienische Unicredito und die französische Société Générale „jeweils rund 1,3 Milliarden Dollar Strafzahlungen an die USA leisten, die BNP Paribas im Jahr 2014 sogar die Rekordsumme von 8,9 Milliarden. In den letzten 15 Jahren haben außerhalb der USA 35 internationale Finanzdienstleister ihren Zahlungsverkehr mit Kuba eingestellt."[89] Dies ist ein massiver Eingriff in die gesetzlich garantierte Handelsfreiheit von Unternehmen zum Beispiel der betroffenen Banken in der Europäischen Union. Proteste dagegen sind seitens der Führungen in Brüssel, Paris oder Berlin nicht öffentlich bekannt geworden, obwohl die deutsche Regierung sich in den UNO-Vollversammlungen in den letzten Jahren für eine Aufhebung der Blockade gegen Kuba ausgesprochen hat. Aber das Handaufheben bleibt ohne praktische Folgen.

Wie völlig losgelöst – nicht nur von den durchdachten Regelungen der UNO, sondern auch von jedem gesunden Menschenverstand – die Sanktionsakteure agieren, wird im Bereich der medizinischen Versorgung sichtbar. Kuba hat es trotz Blockade geschafft, sich international hohes Ansehen für den auf der Insel erreichten medizinischen Standard zu erarbeiten. Folglich wird genau das in der kruden Eskalationslogik Washingtons zum Ziel eines weiteren Drehens an der Sanktionsschraube, wie die stellvertretende kubanische Außenministerin Anayansi Rodríguez am 2. Mai 2023 bei der Eröffnung des Internationalen Treffens der Solidarität mit Kuba erläuterte:

> *„Unseren engagierten Mitarbeitern im Gesundheitswesen und in der Wissenschaft, zwei der Sektoren, die am stärksten von der Blockade und ihrem extraterritorialen Charakter betroffen sind, wird der Zugang zu Ausrüstungen, modernen Technologien, Arzneimitteln, Reagenzien und anderen für die medizinische Versorgung und die Forschung benötigten Mitteln verwehrt; die Kapazität und die Möglichkeiten, das von kubanischen Wissenschaftlern erworbene solide Wissen zur Entwicklung innovativer Produkte einzusetzen, sind unmittelbar betroffen. International anerkannte*

---

89 Thoss, Schulz, a.a.O., ebenda

Arzneimittel wie HEBERPROT-P, GAVAC oder Proctokinase können nicht in die Vereinigten Staaten exportiert werden, was Kuba nicht nur erhebliche Verluste in Höhe von fast 100 Millionen Dollar pro Jahr an entgangenen Exporteinnahmen beschert, sondern auch die US-Bevölkerung selbst um den Nutzen ihrer Verwendung im nationalen Gesundheitssystem bringt.

Besonders grausam war die Art und Weise, wie diese Maßnahmen in der schlimmsten Phase der Covid-19-Pandemie, die das Leben Tausender von Landsleuten ernsthaft gefährdete, verschärft wurden.

In jenen schwierigen Tagen ergriff die US-Regierung Maßnahmen, die speziell darauf abzielten, Kuba daran zu hindern, mechanische Beatmungsgeräte, chirurgische Masken, Diagnosekits, Spritzen und anderes medizinisches Material zu erwerben, das von US-Unternehmen oder mit US-Komponenten hergestellt wurde. Es ist weder ein Slogan noch eine inhaltslose Phrase, wenn wir sagen, dass die Blockade einen Akt des Völkermords darstellt: Es wurde versucht, ein ganzes Volk zu töten, es wurde versucht, uns das Recht auf Leben zu verweigern.

Aber unsere Ärzte und Wissenschaftler stellten sich der Herausforderung und entwickelten in Rekordzeit fünf Impfstoffkandidaten, aus denen drei hochwirksame Impfstoffe hervorgingen. Sie und unser Gesundheitspersonal sind Helden!"[90]

Weil selbst das nichts nützte und nützt, wurde 2021 eine nächste, ins Absurde zielende Stufe der Sanktionseskalation gegen Kuba gezündet: Die US-Regierung nahm Kuba in die Liste der „staatlichen Sponsoren des Terrorismus" auf – selbstredend auch dies an allen UNO-Gremien vorbei und aus reinem Gutdünken.

Wie sehr die Sanktionspolitik gegen das kleine Inselvolk angesichts der weltpolitischen Entwicklungen seit 2022 trotz aller Opfer ins Absurde abzugleiten beginnt, machte kürzlich Déborah Azcuy Carrillo vom Institut für Völkerfreundschaft in einem Interview mit der Tageszeitung junge Welt deutlich: „Kuba existiert, weil sein Schwerpunkt die Solidarität ist. Da Kuba solidarisch ist, ist die Welt solidarisch mit Kuba. Das G77-plus-China-Treffen[91] war ein Beispiel dafür. 133 Länder, in denen 80 Prozent der Weltbevöl-

---

90   Website der Freundschaftsgesellschaft BRD-Kuba e.V., abgerufen am 17.10.2023
91   Treffen am 15./16.09.2023 in Havanna

kerung leben, waren in Kuba trotz des ausgeübten Drucks seitens der USA, sich nicht am Gipfel zu beteiligen, präsent. Wir sprechen von 133 Ländern, deren Repräsentanten dort anwesend waren, und auch von Vertretern multilateraler Organisationen wie der UNO, der UNESCO und vielen anderen. Das zeigt, dass Kuba nicht isoliert ist, sondern dass der Charakter des kubanischen Projektes, der kubanische Sozialismus, zur Zusammenarbeit einlädt. ... Sehr positiv ist, dass die Welt sich immer mehr zum Multilateralismus entwickelt ... In diesem Jahr wird Kuba zum 31. Mal die Resolution zur Verurteilung der Wirtschafts-, Finanz- und Handelsblockade der USA vor der UN-Vollversammlung vorbringen. Denn die Blockade ist eine Völkerrechtsverletzung."[92]

Es war wie angekündigt: „Der Plenarsaal der Vereinten Nationen wurde am Donnerstag[93] zum Tribunal. Auf der Anklagebank saßen die USA, Richter waren die 193 Mitglieder der Vereinten Nationen. Ihr nahezu einstimmig gefälltes Urteil fiel nach der zweitägigen Debatte in der UN-Vollversammlung für die USA vernichtend aus. 187 Staaten forderten die sofortige und bedingungslose Beendigung der seit über 60 Jahren gegen Kuba aufrechterhaltenen Wirtschafts-, Handels- und Finanzblockade. Wie üblich stimmten nur die USA selbst und Israel dagegen. Die Ukraine enthielt sich."[94]

Wenige Tage später wurde ein anderer Plenarsaal zum Ort eines Tribunals – und diesmal hieß es auch so. Im Plenarsaal Alcide de Gasperi in Brüssel tagte am 16. und 17. November 2023 unter dem Vorsitz des Hamburger Völkerrechtlers Norman Paech eine Gerichtsversammlung, die die Sanktionen der USA gegen Kuba untersuchte und nach ihren Beratungen und der Anhörung einer Vielzahl internationaler Zeugen feststellte, dass diese gegen das Völkerrecht verstießen. Es handele sich, so Paech in der Urteilsverkündung, „um eine illegale Form der Kriegführung. ... Diese führe direkt und indirekt zum Verlust vieler Menschenleben. ... US-Gesetze wie der Helms-Burton-Act von 1996 seien illegal und müssten abgeschafft werden, lautet das Urteil, die USA sollten Kuba Ausgleich für die erlittenen Verluste zahlen."[95]

---

92 „Kuba ist Opfer des Staatsterrorismus", junge Welt, 17.10.2023
93 gemeint ist der 02.11.2023
94 junge Welt, 03.11.2023
95 junge Welt, 18./19.11.2023. In der Ausgabe dieser Zeitung vom 24.11.2023 ist neben der Einführung des Vorsitzenden Richters das Urteil des internationalen Tribunals im Wortlaut abgedruckt.

Es gehören weder besonderer Optimismus noch übermäßiger Mut zu der Prognose, dass sich angesichts dieser Prozesse die völkerrechtswidrige US-Blockade gegen Kuba, der sich die EU ergeben angeschlossen hat, keine weiteren 60 Jahre hält. In gewisser Weise ist Kuba ein Beleg für den Wert des Durchhaltens in schwierigen geschichtlichen Etappen.[96] Denn sein Durchhalten überspannt die Periode von der scheinbaren Allmacht des US-Imperialismus mit seiner sowohl militärischen als auch ökonomischen Dominanz bis hin in unsere Tage, an der diese Allmacht ihrem Ende entgegengeht.

Syrien

Kürzer als 60 Jahre ist die Spanne der Sanktionen gegen Syrien.

Syrien hat rund doppelt so viele Einwohner wie Kuba (22 Millionen) und ist mit 185.000 Quadratkilometern halb so groß wie Deutschland. Seine drei wichtigsten Städte sind mit den drei größten Städten Deutschlands in ihrer Größe gut vergleichbar: Damaskus zählt gut 4 Millionen, Aleppo gut 2,5 Millionen und Homs gut 1,1 Millionen Einwohner.

Syrien teilt mit vielen Ländern außerhalb Europas die geschichtliche Erfahrung von Bedeutung, Reichtum und beeindruckenden Kulturleistungen im Altertum und Mittelalter sowie Entwürdigung, Unterdrückung und Armut nach der Errichtung der Kolonialherrschaft durch westeuropäische Mächte. Für Syrien bedeutete das vor allem die Unterdrückung durch Frankreich.

Seit der 1946 erreichten Unabhängigkeit kämpft das Land um die Souveränität seiner Regierung in den ihm seit der Kolonialzeit zugebilligten Grenzen. Aktuell leidet das Land nicht nur unter Bürgerkriegszuständen und den Sanktionen des Westens, sondern auch unter den Auswirkungen der von den alten Industrienationen zu verantwortenden Erwärmung des Erdklimas. Die Getreideernten seit den Jahren 2006 sind gegenüber denen in den vorherigen Jahrzehnten um fast die Hälfte geschrumpft, was grob geschätzt einer knappen Million Menschen unabhängig von den politischen Auseinandersetzungen (aber sie zum Teil erklärend) die ökonomische Lebensgrundlage entzog.

---

96 Entsprechend dem Motto, das Winston Churchill zugeschrieben wird „Sometimes it's simply important to perservere".

Der Sicherheitsrat der UN befasste sich in diesem Jahrhundert mehrfach mit Syrien. Im Oktober 2005 wurde dort der Mord an Rafiy al-Hairari, von 2000 bis 2004 libanesischer Ministerpräsident mit der syrischen Regierung in Verbindung gebracht. Der Antrag der USA und der beiden anderen NATO-Mitglieder im Sicherheitsrat, diese bis dahin nicht aufgeklärte Tat mit Sanktionen gegen Syrien zu ahnden, scheiterte am Nein Russlands und Chinas. Die syrische Regierung sagte Kooperation zu; Libanon und Syrien nahmen zum Jahreswechsel 2008/2009 diplomatische Beziehungen auf. Damit war dieser erste Anlauf des Westens, Syrien mit UN-Sanktionen zu überziehen, gescheitert.

Der zweite Anlauf fand im Gefolge bürgerkriegsähnlicher Erhebungen ab dem Jahre 2011 statt, die bis heute andauern und zwischenzeitlich dazu führten, dass die Regierung in Damaskus über einen Großteil des Landes die Kontrolle verloren hatte. Gegenwärtig scheint sie diese Kontrolle mit Unterstützung vor allem Russlands Stück zu Stück zurückzuerlangen.

Auch die damit verbundenen Versuche, UNO-gestützte Sanktionen durchzusetzen, scheiterten an der von der UNO-Charta vorgeschriebenen Einstimmigkeit im Sicherheitsrat.

Die daraufhin einseitig von den USA und der EU verhängten Sanktionen schnüren die wirtschaftlichen Entwicklungsmöglichkeiten des Landes erheblich ein. Sie gehen einher mit offen militärischen Maßnahmen und sind ein Beispiel dafür, dass die Grenze zwischen Wirtschafts- und Schießkrieg-Maßnahmen fließend und durchlässig ist.

Die entsprechende Website des oben erwähnten OFAC führt knapp 650 „Treffer" („found") aus[97], die als Individuen, Unternehmen oder Regierungsstellen dem Sanktionsregime der USA unterworfen sind. Allein die Liste der „Frequently asked Questions" (FAQ) zu den hinsichtlich Syrien zu beachtenden Sanktionen umfasst knapp 30 solcher „häufig gestellten Fragen"[98], die beispielsweise exakt bestimmen, mit welchen Banken, die möglicherweise mit Syrien kooperieren, keinerlei Zahlungsverkehr abgewickelt werden darf, wenn nicht Milliardenstrafen[99] zugunsten des US-Finanzministeriums ris-

---

97 abgerufen am 18.10.2023
98 dito – die Liste wurde an diesem Tag aktualisiert
99 Das orientiert sich an dem oben geschilderten Vorgehen gegen Banken, die Finanztransaktionen mit Kuba durchführen.

kiert werden sollen, das federführend in der Pflege dieser Sanktionsinstrumente ist.

Die US-amerikanische Sanktionsmaschine wird seit Anfang dieses Jahrhunderts in Brüssel nachgebaut. Dem US-amerikanischen Vorgehen entspricht die ähnlich penible Auflistung der europäischen Sanktionen, die das „Bundesamt für Wirtschaft und Ausfuhrkontrolle" für deutsche Unternehmen so zusammenfasst:

> „Vor dem Hintergrund des anhaltenden Gewalteinsatzes gegen die Zivilbevölkerung in Syrien hat der Rat der Europäischen Union weitreichende Sanktionen verhängt.
> Durch den Beschluss 2011/273/GASP vom 9. Mai 2011 wurden ein Waffenembargo sowie ein Verbot von Ausfuhr und Dienstleistungen in Bezug auf Güter zur internen Repression erlassen. Das Waffenembargo ist durch § 74 Abs. 1 Nr. 16 AWV in unmittelbar geltendes Recht umgesetzt worden. Zu beachten ist aber, dass Syrien trotz des nationalen Waffenembargos kein Waffenembargoland im Sinne des Art. 4 Abs. 1b der Verordnung (EU) 2021/821 (EU-Dual-Use-VO) ist.
> Ferner sieht der Beschluss 2011/273/GASP Reisebeschränkungen sowie Finanzsanktionen im Hinblick auf Personen vor, die für die gewaltsame Repression gegen die Zivilbevölkerung verantwortlich sind. Der Beschluss 2011/273/GASP wurde zunächst durch den Beschluss 2012/739/GASP und sodann durch den Beschluss 2013/255/GASP ersetzt. Die Umsetzung in unmittelbar geltendes Recht erfolgt durch die Verordnung (EU) Nr. 36/2012 vom 18. Januar 2012. Die Rechtsakte wurden fortlaufend angepasst."[100]

Dies ist umso bemerkenswerter, als auch Russland und China im Sicherheitsrat Maßnahmen billigten, die zwar die Souveränität der dortigen Regierung einschränkten, aber das Ziel verfolgten, den notleidenden Menschen zu helfen: „Grenzüberschreitende Hilfslieferungen nach Syrien wurden erstmals im April 2012 vom UN-Sicherheitsrat beschlossen und seitdem jährlich und halbjährlich verlängert. Die Maßnahme ist eine Ausnahmeregelung. Sie entzieht dem betroffenen Staat, Syrien, das souveräne Recht, seine Grenzen und

---

100 Website des Bundesamtes, abgerufen am 18.10.2023

Territorien zu kontrollieren, wie es in der UN-Charta für alle Mitgliedsstaaten verankert ist. 22 UN-Sicherheitsratsresolutionen wurden zu Syrien beschlossen, darunter Resolution 2254 (Dezember 2015), die einen politischen Übergangsprozess unter dem Dach der UNO einleiten soll und Bedingungen formuliert."[101]

Zwei der fünf Vetomächte des Sicherheitsrates wirken dafür, diese Ausnahmeregelungen zu beenden und die staatliche Einheit Syriens wiederherzustellen – drei arbeiten dagegen: „In der Aussprache (*des UN-Sicherheitsrats im Juni 2023 – M.S.*) forderten die westlichen Vetomächte und andere die Verlängerung der grenzüberschreitenden Hilfslieferungen aus der Türkei nach Idlib. Russland bezeichnete dagegen dieses immer wiederkehrende Thema als ,scheinheilige westliche Propaganda'. Ihnen sei sehr wohl bekannt, dass die Hilfe über die innersyrischen Kontaktlinien geleistet werden könnte, erinnerte der russische UN-Botschafter Wassili Nebensja. Der chinesische UN-Botschafter Geng Shuang sprach von einer ,außergewöhnlichen Maßnahme', die zu Ende gehen müsse. Es sei unverständlich, dass einige Staaten so besorgt über die humanitäre Lage in Syrien seien, gleichzeitig aber selbst Sanktionen gegen das Land verhängt hätten. Das sei, als ,würde man einen Patienten wiederbeleben, ohne den Würgegriff am Hals des Patienten zu lockern'. Der US-Vertreter Jeffrey DeLaurentis sagte, das ,Assad-Regime' behindere den Zugang der UN-Organisationen, daher müssten die grenzüberschreitenden Hilfslieferungen (nach Idlib) um zwölf Monate verlängert werden. Das wurde von syrischer Seite zurückgewiesen ..."[102]

Die Folgen des seit über einem Jahrzehnt anhaltenden Sanktionsregimes gegen Syrien sind gravierend. Die Staaten des Wertewestens waren noch nicht einmal angesichts des katastrophalen Erdbebens von September 2023 bereit, das Sanktionsregime fallen zu lassen: „Auf der Pressekonferenz des US-Außenministeriums am Tag des Erdbebens fragte ein Journalist den Sprecher Edward Price, ob es nicht eine ,großartige Geste' wäre, wenn die US-Regierung Damaskus Hilfe anböte, und ob es nicht auch eine Geste wäre, ,die Sanktionen aufzuheben, die Syrien im Grunde ersticken'. Price antwortete, es wäre ,ziemlich ironisch, wenn nicht sogar kontraproduktiv (...), wenn wir einer Regierung die Hand reichten, die ihr Volk seit nunmehr einem Dutzend

Jahren brutal behandelt hat – sie hat es vergast und abgeschlachtet und ist für einen Großteil des Leids verantwortlich, das es ertragen musste'."[103]

Die verbale Heftigkeit, bei der Worte wie „brutal" und „abgeschlachtet" eingesetzt werden, lenkt – wie häufig – von einem anderen wichtigen Aspekt dieses Sanktionsregimes ab: Es verknüpft sich eng mit offener Verletzung der staatlichen Souveränität eines Landes bis hin zu unverhohlenen militärischen Maßnahmen auf dessen Territorium. Fast 1000 bewaffnete Männer und Frauen hat die US Army in Syrien stationiert. Dazu kommen in unbekannter Höhe Bewaffnete von US-Sicherheitsfirmen. Diese Truppen befinden sich gegen den erklärten Willen der von der UNO anerkannten Regierung dort. Sie sind Invasionstruppen. Ihr Wirken ist ein offener Bruch aller völkerrechtlichen Bestimmungen. Im Schatten der Bewaffneten wird Diebstahl begangen: „Am Montag[104] warf das Außenministerium der Russischen Föderation in einer offiziellen Erklärung den USA und ihren Verbündeten nicht nur vor, illegal Gebiete im Nordosten und Süden Syriens zu besetzen. Das Ministerium beschuldigte neben Washington auch dessen Verbündete, die Syrischen Demokratischen Kräfte (SDK), syrisches Öl und Getreide zu stehlen und so der syrischen Bevölkerung Brot und Energieressourcen zu entziehen. … Laut syrischem Ölministerium werden etwa 83 Prozent der täglichen Ölförderung Syriens entwendet."[105] Fares Schehabi, der Vorsitzende der Industriekammer der 2,5-Millionenstadt Aleppo, formuliert es so: „Wir haben eine anhaltende Depression mit steigender Inflation. Ja, das liegt auch an falschen Regierungsentscheidungen, aber die Folgen davon sind gering im Vergleich zu unserem Hauptproblem. Und das sind die Sanktionen des Westens, die seit 2011 gegen uns in Kraft sind. Der zweite Grund ist, dass wir nicht an unsere Ressourcen östlich des Euphrat kommen. Unsere Öl- und Gasfelder, unser Weizen und unsere Baumwolle liegen außerhalb unserer Reichweite. Seit 50, 60 Jahren sind Weizen und Baumwolle die Basis der syrischen Ökonomie. Alle sozialistischen Wirtschaftsprogramme der syrischen Regierungen schon vor Assad basierten auf der Weizen- und Baumwollproduktion. Beide Rohstoffe können wir nicht erreichen, und das ist eine Katastrophe."[106]

103 junge Welt, 16.02.2023
104 gemeint ist der 13.11.2023
105 junge Welt, 18./19.11.2023
106 junge Welt, 9.10.2023

Bereits im September 2022 – also ein halbes Jahr vor der Verschärfung der Lage durch das Erdbeben, erklärte die UN-Sonderberichterstatterin zu den negativen Auswirkungen einseitiger Zwangsmaßnahmen, Alena Douhan: „Ich fordere die sofortige Aufhebung aller einseitigen Sanktionen, die den Menschenrechten ernsthaft schaden und jegliche Bemühungen um eine baldige Erholung verhindern."[107] Unter anderem heißt es in ihrem Bericht:

- *Ein Krankenhaus in Homs mit 125 Ärzten und 850 Krankenschwestern hat nur zwei Sterilisationsmaschinen.*
- *Im gleichen Krankenhaus stehen nur gerade eine Handvoll Dialysegeräte für die Behandlung von 275 Patienten zur Verfügung.*
- *Der monatliche Bedarf an Lebensmitteln für eine durchschnittliche syrische Familie kostet heute dreimal so viel wie ein Durchschnittsgehalt beträgt.*
- *Nur 4 Prozent aller Schulen verfügen über Elektrizität.*
- *12 Millionen Syrer – das sind mehr als die Hälfte der Bevölkerung – kämpfen mit Ernährungsunsicherheit."*[108]

Die hier zitierte Nichtregierungsorganisation „Christian Solidarity International" (CSI), die diese Zusammenfassung des Berichts der UNO-Beauftragten erstellte, appellierte sogar an US-Präsident Biden mit besonderem Hinweis auf die Lage der Christen in Syrien:

„Der Bericht der UNO-Sonderberichterstatterin hält mit Blick auf die humanitäre Katastrophe unmissverständlich fest: Die Sanktionen gegen Syrien spielen in der derzeitigen Krise eine bedeutende Rolle. Die Sanktionen machen es beispielsweise extrem schwierig, Infrastruktur zu reparieren oder Ersatzteile für das Stromnetz oder medizinische Geräte zu bestellen. Die Sanktionen gegen die syrische Zentralbank verunmöglichen den Syrern den freien Handel mit dem Ausland. Auch hindern die Sanktionen die Syrer daran, Treibstoff zu importieren. Dadurch werden Brennstoffe und Strom

---

107 https://www.dw.com/de/debatte-sanktionen-gegen-syrien-weiterhin-sinnvoll/a-63781567, abgerufen am 18.10.2023
108 Website der CSI (Christian Solidarity International), abgerufen am 18.10.2023

knapp, was wiederum die Bewässerung von Feldern, den Transport von Le-
bensmitteln, die Kühlung von Impfstoffen oder die Beleuchtung in Schulen
erschwert.
... Zwar ist der Bürgerkrieg in Syrien seit 2018 praktisch zum Erliegen
gekommen. Doch die humanitäre Lage im Land ist heute schlimmer als
zuvor. Grund ist die Verschärfung der Wirtschaftssanktionen durch die
USA im Jahr 2018. Die Schlussfolgerung von UNO-Sonderberichterstat-
terin Douhan ist ungewöhnlich deutlich formuliert: ,Die Aufrechterhaltung
einseitiger Sanktionen angesichts der derzeitigen katastrophalen und sich
weiter verschlechternden Lage in Syrien kann auf ein Verbrechen gegen die
Menschlichkeit gegen das gesamte syrische Volk hinauslaufen. ...'
Die Krise trifft alle im Land. Die Sanktionen zerstören die letzten Hoff-
nungen auf eine bessere Zukunft. Für die christliche Minderheit könnte die
gegenwärtige Lage sogar zu einer Existenzfrage werden. Im Januar 2021
unterzeichneten neun syrische Kirchenleiter einen offenen Brief von CSI
an US-Präsident Biden mit der Aufforderung, die Sanktionen aufzuheben.
Zwei Drittel aller Christen in Syrien haben seit Ausbruch des Krieges das
Land verlassen – und der Aderlass geht weiter. ...
Washington und seine Verbündeten behaupten, die Sanktionen würden
die syrische Regierung für ihre Verbrechen zur Rechenschaft ziehen. Doch
nach elf Jahren des Sanktionsregimes ist klar und von der UNO-Sonderbe-
auftragten nun bestätigt: Die Sanktionen bewirken nichts anderes als die
Verarmung des syrischen Volkes."[109]

Wie alle ähnlichen Appelle 11 oder 22 oder 33 oder 44 oder 55 Jahre nach Errichtung der Blockade gegen Kuba scheinen diese Appelle in Washington und
den ihm untergeordneten Staaten wirkungslos zu verhallen. Die Hoffnung
Syriens, vielleicht am 80. Jahrestag seiner Unabhängigkeit – also 2026 – auch
die Aufhebung der Sanktionen feiern zu können, beruhen in unseren Tagen
vor allem auf der rasanten Verschiebung der Kräfteverhältnisse, die auf eine
Vollendung des Dekolonisierungsprozesses hoffen lassen.

Wie sehr unter der Verschiebung der Kräfteverhältnisse die Fronten bröckeln, wird auch in den meinungsbildenden Leitmedien der herrschenden

109 ebenda

Kreise im Westen zunehmend klar. Am 13. Mai 2023 stellte angesichts der zunehmenden Reisetätigkeit des syrischen Präsidenten Bashar al-Assad der „Economist" leicht frustriert fest: „Der Ausgestoßene kehrt zurück". Syrien sei ein warnendes Beispiel, wie künftig mit „Schurkenregimes"[110] umzugehen sei. Angesichts der Handlungen Russlands, aber auch solcher Staaten wie die Vereinigten Arabischen Emirate erodiere der „abschreckende Effekt von Sanktionen" immer mehr.

Das Bröckeln wird – wie oben am Beispiel der Verurteilung Kubas in den letzten Generalversammlungen schon gezeigt – auf Ebene der UNO immer lauter und unabweisbarer. Schon am 26. September 2014 verabschiedete der UN-Menschenrechtsrat angesichts der damaligen Sanktionsmaßnahmen der USA und der EU mit Zweidrittelmehrheit die Resolution 27/21 zum Thema „Human rights and unilateral coercive measures", in der betont wird, „dass ‚einseitige Zwangsmaßnahmen und Gesetzgebungen' im Gegensatz zum Völkerrecht, zum internationalen Menschenrecht, zur Charta der Vereinten Nationen und zu den ‚Normen und Prinzipien' stehen, die ‚friedliche Beziehungen zwischen Staaten' bestimmen sollten. Weiter wird darauf hingewiesen, dass ‚einseitige Zwangsmaßnahmen in Form von Wirtschaftssanktionen weitreichende Auswirkungen auf die Menschenrechte der Gesamtbevölkerung der betroffenen Staaten haben können', wobei ‚überverhältnismäßig' stark die ‚armen und am meisten verletzbaren Klassen' leiden."[111] Mit der Resolution A/HRC/52/L.18 des UN-Menschenrechtrats in Genf, verabschiedet während seiner 52. Sitzung vom 27. Februar bis 4. April 2023, wird diese Position bekräftigt und vor allem moniert, dass der Einsatz von Sanktionen als Druckmittel hauptsächlich gegen die am wenigsten entwickelten Staaten und Entwicklungsländern zum Einsatz komme.[112]

Im Mai 2023 veröffentlichte das europäische Ifo-Institut eine Studie über die Wirkung von Sanktionen auf die Bevölkerung der betroffenen Länder. Die Kernschlussfolgerung bildet die Überschrift einer entsprechenden Pressemitteilung: „Wirtschaftssanktionen erzeugen hohe Kosten vor allem für ärmere Bevölkerung in den Zielländern."[113] Weiter heißt es dort: „Einseitige Sank-

---

110 im Original „rogue regimes"
111 junge Welt, 20.09.2022
112 „UN A/HRC/52/L.18", abgerufen am 13.12.2023
113 Ifo-Institute, EconPol Europe, Pressemitteilung vom 23.05.2023

tionen durch die USA führen zu einem jährlichen Rückgang des Wachstums um knapp 1 Prozentpunkt in den betroffenen Ländern. Langfristig entspricht dies einem Einbruch der Leistung der Wirtschaft pro Kopf um 13 Prozent. ... Wirtschaftssanktionen treffen regelmäßig den Teil der Bevölkerung in den sanktionierten Ländern am stärksten, der in oder nahe der Armut lebt. Dies war in der Vergangenheit vor allem bei US-Sanktionen der Fall. ... Die Zahlen basieren auf Auswertungen von 160 Ländern. Davon waren 67 im Zeitraum von 1976 bis 2012 von Wirtschaftssanktionen betroffen. ,In der Vergangenheit wurden Sanktionen meist gegen kleinere Volkswirtschaften verhängt. Aus den Analysen können wir daher nicht ableiten, wie die aktuellen Sanktionen auf große Volkswirtschaften wie Russland wirken', ergänzt Neumeier."[114]

In der Tat: Mit dem Entfesseln der Sanktionsmaschine gegen Staaten ganz anderer Kaliber als Kuba oder Syrien, insbesondere gegen die beiden Sicherheitsrat-Mitglieder Russland oder China, schlagen die USA und die ihnen hörigen westlichen Regierungen ein neues Kapitel ihrer Sanktionspolitik auf.

114 ebenda; Dr. Florian Neumeier war Leiter der dreiköpfigen Forschungsgruppe

Kapital 5

Die Entfesselung der Sanktionsmaschine

Antirussische Sanktionen seit dem Februar 2022

Im Frühjahr 2014 nahmen die politischen Debatten innerhalb der Ukraine, in welchem Umfang sich das Land, das historisch, ökonomisch und kulturell eng mit Russland verbunden war, stärker an den in der EU zusammengeschlossenen Ländern Westeuropas orientieren solle, eine gewaltsame Wendung. Kurz vorher, im November 2013, hatte die gewählte Regierung erklärt, das geplante Assoziierungsabkommen mit der Europäischen Union (EU) nicht zu unterzeichnen. Dagegen erhoben sich von den in dieser Debatte unterlegenen Kräften Proteste, die zur Jahreswende hin gewalttätig wurden. Seit dem 19. Januar 2014, als bewaffnete und maskierte Gegner der gewählten Regierung versuchten, Absperrungen im Regierungsviertel zu durchbrechen und einen Polizeibus anzündeten, nahmen diese Auseinandersetzungen nach und nach immer mehr bürgerkriegsähnliche Zustände an. Der Anschluss an die EU sollte durch eine Abdankung oder Amtsenthebung des gewählten Präsidenten Wiktor Fedorowytsch Janukowytsch, vorgezogene Neuwahlen und eine sofortige Unterzeichnung des Abkommens mit der EU erzwungen werden. Die Besetzung eines zentralen Platzes in Kiew – des Maidan – und die dann erfolgten gewaltsamen Auseinandersetzungen um dessen Räumung führten zu rund 100 Todesopfern, die anfänglich den ukrainischen Sicherheitskräften zur Last gelegt wurden. In einem vom „Spiegel" dargelegten Telefonat zwischen der EU-Außenbeauftragen und britischen Labour-Politikern Cathrine Ashton und dem Außenminister Urmas Paet vom Februar 2014[115] wurde

---

115 https://www.spiegel.de/video/krise-in-der-ukraine-telefonat-mit-ashton-abgehoert-video-1332390.html, abgerufen am 09.11.2023

deutlich, dass dies offenbar mehr ein „Narrativ" als Ergebnis einer Untersuchung war: Die Opfer gehen mit hoher Wahrscheinlichkeit auf das Konto
derer, die im „Maidan" mit medialer und finanzieller Unterstützung der EU
und der USA[116] die gewählte Regierung wegputschten. Tatsache ist: Die neue
Führung der Ukraine weigerte sich, die Vorfälle untersuchen zu lassen.

Der Kurs der Putschregierung richtete sich in den Wochen nach dem Februar 2014 gegen alle Verbindungen zu Russland, die in der vorausgegangenen
politischen Abwägung den Ausschlag gegen eine Kappung der Verbindungen
zum östlichen Nachbarn gegeben hatten. In Reaktion darauf wiederum beharr-
ten die vor allem im industrialisierten Donbass, namentlich in den Verwaltungs-
bezirken Donezk und Lugansk lebenden Menschen, auf ihrem von den neuen
Machthabern bestrittenen Recht auf den Gebrauch der russischen Sprache. Sie
forderten eine weitgehende Autonomie ihrer Gebiete. Im Februar 2014 spaltete
sich die – nach einer Entscheidung der Sowjetunion von 1954 verwaltungstech-
nisch an die Ukraine angegliederte – Krim von der Ukraine ab. Am 16. März
2014 billigten knapp 97 Prozent der an der Abstimmung Teilnehmenden die
Angliederung der Krim an die russische Föderation. Im April 2014 beschlossen
die Kongresse der beiden genannten Verwaltungsbezirke im Donbass ihre Unabhängigkeit gegenüber der Zentralregierung in Kiew und legten diese Weichenstellung auch der dortigen Bevölkerung zur Entscheidung vor. „Für den
11. Mai 2014 wurde ein Referendum über die Souveränität der DVR *(Donezker
Volksrepublik – M.S.)* angesetzt. … Im Verwaltungsbezirk Donezk wurde bei einer Wahlbeteiligung von 74,5 Prozent mit 89,7 Prozent Zustimmung die Gründung der Donezker Volksrepublik bestätigt. Im Verwaltungsbezirk Lugansk lag
die Zustimmung bei einer Beteiligung von 75 Prozent bei gut 90 Prozent."[117]

Unter der Überschrift einer „Anti-Terror-Operation" ging die Kiewer Regierung im selben Monat gegen diese autonomen Republiken gewaltsam vor:
„Das war der Beginn eines Krieges gegen die Zivilbevölkerung … Neben re-
gulären ukrainischen Einheiten der Streitkräfte und der Nationalgarde waren daran auch faschistische Bataillone wie ,Asow', Einheiten des ,Rechten

---

116 So besuchten am 10. und 11. Dezember 2013 die damalige „Assistant Secretary of State"
   im US-amerikanischen Außenministerium, Victoria Nuland, und Asthon gemeinsam
   medienwirksam das Zeltlager auf dem Maidan und verteilten vor den Kameras Kekse.
117 Renate Koppe, Im Einklang mit dem Völkerrecht. Zur Gründung der Volksrepubliken
   des Donbass, in: Unsere Zeit (UZ), Dokumentation, August 2023 (dieser Artikel wurde
   erstmals veröffentlicht in der UZ vom 16.09.2022)

Sektors' und andere beteiligt, die sich durch besondere Rücksichtslosigkeit gegen die Zivilbevölkerung auszeichneten. Schläge erfolgten häufig gezielt gegen Infrastruktur, Wohnhäuser, Krankenhäuser, Schulen und Kindergärten. Das ging auch weiter, nachdem der Krieg mit Abschluss der Minsker Vereinbarungen Anfang 2015 zu einem Stellungskrieg wurde und große Teile der Volksrepubliken des Donbass unter ukrainischer Besetzung verblieben. Es wurden insgesamt zehntausende ziviler Objekte zerstört, es gibt insgesamt mehr als 15.000 Tote."[118]

Die mehrfachen Hilferufe der beiden Volksrepubliken, sie seitens der Russischen Föderation stärker – auch militärisch – zu unterstützen, wurden von der russischen Regierung mit Verweis auf die mit den Westmächten geschlossene Minsker Vereinbarung von 2015 ebenso abschlägig beschieden wie die entsprechenden Forderungen der stärksten Oppositionspartei im russischen Parlament, der Kommunistischen Partei. Im Laufe des Jahres 2021 forcierte der seit Mai 2019 in Kiew amtierende Staatspräsident Wolodymyr Selenski die Entwicklung an drei Punkten: Er beschleunigte die militärische Zusammenarbeit mit der NATO, verkündete seine Entschlossenheit, nicht nur die beiden Republiken im Donbass, sondern auch die Krim wieder in das ukrainische Staatsgebiet zurückzuholen und ließ eine Offensive gegen die von der Kiewer Zentralregierung nicht kontrollierten Teile der beiden Volksrepubliken für Anfang 2022 vorbereiten.

Als damit auch öffentlich klar wurde, dass die Vereinbarungen des Minsker Abkommens von 2015, die ja die Autonomie der beiden russisch orientierten Gebiete im Donbass garantieren sollten, ebenso Makulatur waren wie die Zusagen Washingtons, die NATO nicht nach Osten auszudehnen, entschloss sich die russische Führung, mit ihrer „militärischen Spezialoperation" am 24. Februar 2022 in den ukrainischen Bürgerkrieg auf Seiten der beiden Volksrepubliken einzugreifen.

Dieses Datum ist der Beginn einer historisch noch nie dagewesenen Sanktionsorgie der in der NATO und der EU zusammengeschlossenen Staaten. Die vorher vor allem gegen deutlich schwächere Staaten wie Kuba, Syrien und andere aufgebaute Sanktionsmaschine wurde nun gegen Russland in Stellung gebracht.

118 ebenda

Die seitens der EU nach dem 24. Februar 2022 gegen Russland verhängten Sanktionen fasst der „Kosmos Weltalmanach 2024" so zusammen: "Bis
23.6.2023 traten 11 Sanktionspakete der EU in Kraft: Sie betrafen Reise- und
Vermögenssperren gegen insgesamt 1782 Einzelpersonen und Institutionen
(Staat, Parteien, Justiz, militärisch-industrieller Komplex, Medien), Auslands-
reserven der Zentralbank sowie Restriktionen für ausgewählte Branchen (z. B.
Rohstoffe, Maschinen, Elektronik) und Unternehmen, im Finanzsektor (Banken, Zahlungsverkehr), im Verkehr und Außenhandel (Import-, Export- sowie Transit- und Luftverkehrsbeschränkungen bzw. –verbote). … Des Weiteren setzte ab 12.09.2022 die EU Visaerleichterungen für russische Staatsbürger
aus … Auf diplomatischer Ebene setzten sich die gegenseitige Ausweisung
von Botschaftsangehörigen und andere Einschränkungen fort. So müssen in
Deutschland 4 der 5 russischen Generalkonsulate bis Ende 2023 geschlossen
werden…"[119]

Bereits vor dem Februar 2024 waren insgesamt rund 2500 einzelne Sanktionsmaßnahmen gegen Russland in Kraft – meist begründet mit dem Wechsel
der Krim von der ukrainischen in die russische Staatshoheit. Bis Ende Oktober 2023 waren rund 11.000 einzelne Sanktionsmaßnahmen dazugekommen.
Die 15.000er-Schwelle ist also nicht weit. Die Pakete erzeugen nebenbei einen
satten Nährboden für die oben bereits thematisierte Beratungsindustrie, die
vor allem Unternehmen hilft, durch diesen Sanktionsdschungel bei möglichen Geschäften mit anderen Ländern noch durchzukommen, ohne sich in
den Lianen der gesetzlichen Bestimmungen zu verheddern.

Gleich im ersten Sanktionspaket – beschlossen unter virtueller Teilnahme
des ukrainischen Präsidenten am 23. Februar 2022 – wurden Einschränkungen im internationalen Zahlungsverkehrssystem SWIFT für einzelne russische Banken beschlossen, und Russlands Präsident sowie sein Außenminister
wurden mit Sanktionen hinsichtlich möglicher wirtschaftlicher Tätigkeiten
in der EU belegt. Am selben Tag verkündete Deutschlands Außenministerin
Annalena Baerbock mit Tremolo in der Stimme vor laufenden Kameras zu
den Sanktionen: „Das wird Russland ruinieren." Es ist müßig die einzelnen
Sanktionspakete hier aufzulisten – wer mag, kann dies im Netz nachlesen.[120]

---

119 der neue Kosmos Welt-Almanach & Atlas 2024, Stuttgart 2023, S. 350
120 Wer lieber Bücher mag, kann dies zum Beispiel im Welt-Almanach (ebenda) auf Seite
    494f tun.

Auf dem Treffen der sich als „G 7" bezeichnenden, um die USA herum ge-scharten Staaten aus NATO und EU vom 8. November 2023, das schon nicht mehr nur die Ukraine, sondern nun auch den neuen Krieg gegen Gaza in den Blick zu nehmen hatte, wurden „noch schärfere Sanktionen"[121] angekündigt. Es wird also nicht bei 11 Paketen bleiben.[122]

Auf den ersten Blick etwas verblüffend ist der Kontrast zum nicht nur medial, sondern auch der Sache nach geringeren Sanktionsregime der Ver-einigten Staaten gegen Russland. Wikipedia fasst sie so zusammen: „Am 24. Februar 2022 kündigte US-Präsident Joe Biden an, dass sein Land neue Sanktionen gegen Russland verhängen werde. Damit solle Russland für die groß angelegte Invasion bestraft werden. Die Sanktionen sollen die Ausfuhr von Technologie nach Russland beschränken, damit Russland seinen mi-litärischen und Luftfahrt-Sektor nicht voranbringen kann. Hinzu kommen Sanktionen gegen russische Banken und „korrupte Milliardäre" und ihre Familien, die dem Kreml nahestehen. In seiner Rede zur Lage der Nation kündigte Biden am 2. März 2022 die Sperrung des US-Luftraums für russi-sche Flugzeuge an. Am selben Tag wurde die Ausweisung von zwölf Dip-lomaten der russischen UN-Vertretung in New York und einer Angestellten bei der UN angekündigt. Am 8. März kündigte Präsident Biden ein Verbot sämtlicher Importe von Erdöl, Gas und Kohle aus Russland an, welches der Zustimmung durch den Kongress der Vereinigten Staaten bedarf. Die Aus-zählung im Repräsentantenhaus in der Nacht zum 10. März ergab 414 zu 17 Stimmen für den Gesetzentwurf, der nun weiter an den Senat geht. Zur Debatte steht ferner eine Aussetzung des Meistbegünstigungsprinzips in Bezug auf Russland durch die Staaten der G7 und der EU. Am 24. März ga-ben die USA bekannt, mehr als 400 weitere Russen (darunter 328 Mitglieder der Duma und zahlreiche Bankenmanager) sowie 48 Rüstungsunternehmen zu sanktionieren. Am 6. April verkündete das Finanzministerium der Ver-einigten Staaten zusätzliche Sanktionen gegen Russlands größte staatliche Bank, die Sberbank, sowie 42 ihrer Tochterunternehmen und gegen die größte Privatbank Alfa-Bank sowie 6 ihrer Tochterunternehmen. Die Sank-

---

121 FAZ, 09.11.23
122 Mit Redaktionsschluss für dieses Buch war laut mehreren Presseberichten das zwölfte Sanktionspaket der EU noch in Arbeit. Es konnte daher hier nicht mehr berücksichtigt werden.

tionen richten sich auch gegen 5 Öltanker. Ebenfalls sanktioniert werden Familienmitglieder von Wladimir Putin und Sergei Lawrow sowie Mitglieder des Sicherheitsrats der Russischen Föderation, die dem Überfall auf die Ukraine zugestimmt haben. Daneben werden sämtliche neuen Investitionen innerhalb der Russischen Föderation untersagt. Der Rüstungshersteller Aviazapchast (…) (Militärluftfahrt), seit 2016 Rechtsnachfolger der Ersten Tschechisch-Russischen Bank wurde sanktioniert, berichtet das Wall Street Journal."[123]

Dieser Unterschied hat einen sicheren und einen wahrscheinlichen Grund. Sicher ist: Traditionell ist die US-amerikanische Wirtschaft mit der russischen nicht so eng verflochten wie die europäische, insbesondere die deutsche. Weder juristisch noch ökonomisch führten die beschlossenen Sanktionen zu so einschneidenden Veränderungen der Wirtschaftsströme wie das insbesondere für Deutschland der Fall war und ist. Und wahrscheinlich – die Archive werden das künftigen Historikern irgendwann einmal zeigen – spielte auch die Überlegung eine Rolle, sich durch das Kappen aller Verbindungen zwischen den eng beieinanderliegenden Wirtschaftsräumen Russland und EU insbesondere die seit den 1970er Jahren stark gewordene deutsche Konkurrenz vom Leibe zu halten. Das zumindest ist gelungen.[124]

Der von Frau Baerbock angekündigte Ruin Russlands ist nicht eingetreten. Der in London erscheinende „Economist" liefert Woche für Woche unter der Überschrift „Economic & financial indicators" eine Seite mit Zahlenkolonnen zu den wichtigsten ökonomischen Indikatoren der großen Volkswirtschaften. In seiner Ausgabe vom 2. Dezember 2023 steht dabei, blau unterlegt, für Russland ein Wirtschaftswachstum von 5,5 Prozent gegenüber dem Vorjahr, für Deutschland, rot unterlegt, ein Minus von 0,4 Prozent. Ruin sieht – zumindest bezogen auf Russland – anders aus.

Die Ruinierungsstrategie der USANATOEU-Staaten ist in allen ihren drei Kernerwartungen gescheitert.

123 Wikipedia, Stichwort „Sanktionen gegen Russland seit dem Überfall auf die Ukraine",
    abgerufen am 10.11.2023
124 dazu mehr im folgenden Kapitel

Die erste Kernerwartung war ein völliger Absturz des Rubel an den internationalen Märkten, der die Devisenkassen Russlands und damit dessen Fähigkeit, nicht im Land selbst produzierte Waren und Zwischenprodukte – vor allem Technologie – zu erwerben, zügig auf Null reduzieren würde. Die letzten Tage des Februars und die ersten des März 2022 schienen das zu stützen – der Rubel verlor gegenüber dem Dollar ein Drittel seines Werts. Dann folgte die erste Phase der Ernüchterung: Der Rubel erholte sich Schritt für Schritt. Frustriert stellte der „Economist" schon im April 2022 fest: „Läuft die Strategie des Westens noch nach Plan? Das Chaos in den russischen Märkten scheint verschwunden zu sein. Seit seinem Tiefstand im frühen März ist der Wert des Rubels wieder gestiegen und nähert sich jetzt seinem Vorkriegsstand."[125] Für die weitere Zukunft noch gravierender war allerdings ein Prozess, den Reinhard Lauterbach gut ein Jahr später für die Tageszeitung junge Welt beschrieb: „Stabilisiert hat sich inzwischen auch die Struktur der russischen Devisenreserven. Nach Angaben der auch von westlichen Kapitalkreisen als kompetent eingeschätzten russischen Zentralbank lagen die Gold- und Devisenreserven im Februar mit 601 Milliarden US-Dollar praktisch wieder auf dem Stand vom Februar 2022 (605 Milliarden). Allerdings ist der Dollar hierbei eine reine Rechengröße: Faktisch hat die Zentralbank ihre gesamten Dollar-Bestände inzwischen verkauft, und sie plant dasselbe mit Euro-Vorräten. Zum Jahresende sollen die russischen Devisenreserven nur noch aus Yuan und Gold bestehen. Es wäre der Einstieg in ein völlig neues Währungssystem – Russland wäre der Reichweite neuer Finanzsanktionen entzogen."[126]

Das zweite Kernelement der Strategie des Westens war das Abschneiden Russlands von seinen Hauptexportartikeln Gas und Öl. Es wurde eine völlige Abkoppelung West- und Zentraleuropas[127] beschlossen und entweder durch Stilllegung oder Sprengung der in früheren Jahrzehnten mit Milliardenaufwand gebauten Öl- und Gasleitungen materialisiert. Auch das entpuppte sich schnell als Schuss in die eigenen Knie. Der „Economist" stellte im April 2022

125 The Economist, 02.04.2022
126 junge Welt, 29.04./01.05.2023
127 Gemeint sind hier die Staaten am Ostrand der EU, die fälschlicherweise häufig in Unkenntnis der eigenen Lage auf dem Globus als „Osteuropa" tituliert werden. Jeder, der seinen Geographieunterricht aus der vierten und fünften Klasse nicht vergessen hat, weiß aber natürlich, dass Europa bis zum Ural reicht und damit Osteuropa identisch ist mit dem westlichen Teil Russlands.

die eigene Frage „Was kann Russland tun, um das *(vom Westen – M.S.)* nicht gewollte Öl zu verkaufen?". Das Blatt beantwortete sie mit Verweis auf die sprunghaften Zunahme von Energieexporten aus Russland in andere Teile Asiens, unter anderem Indien, mit der Einsicht: „Russlands Öl beginnt, wie ein Schnäppchen auszusehen."[128] Am 20. Mai 2023 schließlich vermeldete die deutsche FAZ einen „russischen Ölausfuhrrekord und konstatierte, das Land hätte so viel Öl „wie noch nie seit dem Überfall auf die Ukraine von Ende Februar 2022" exportiert. Alle flankierenden Versuche, Russland durch Verweigerung von Versicherungen für Tankerflotten am Verkauf zu hindern, waren gestrandet und führten – wie bei den Devisen – nur dazu, dass jenseits des versicherungstechnischen Zugriffs durch westliche Konzerne nun gut versicherte eigene Tankerflotten außerhalb des USA / EU-Blocks die Weltmeere befahren. Damit war die Sache mit dem „Schnäppchen" auch nicht mehr nötig, wie die FAZ am 11. Oktober 2023 leicht frustriert angesichts der Datenlage feststellte. Sie kommentierte, „dass das Land Wege gefunden hat, die Sanktionen zu umgehen. Russland verkauft sein Öl oberhalb der von den G-7-Ländern verkündeten Preisgrenze von 60 Dollar. Die Zeiten, in denen Russland gezwungen war, den Rohstoff mit Preisabschlägen in Indien und anderen Ländern loszuschlagen, sind offenbar vorbei."

Ähnliches passierte bei den Gasexporten, so dass für die FAZ Janis Kluge schon am Ende des aus westlicher Sicht enttäuschenden ersten Kriegsjahres die Frage „Warum ist Russlands Wirtschaft so stabil?" unter anderem mit dem Hinweis beantwortete: „… hat Russland auch selbst für hohe Preise gesorgt …, auch beim Gas, wo Russland dank der eigenen Drosselung riesige Gewinne einfahren konnte."[129] Ein i-Tüpfelchen auf dem Unterkapitel „Gas-Sanktionen gegen Russland" ergibt sich aus dem Zusammenhang von Gas und Düngerproduktion. Am 5. Februar 2023 hatte Ursula von der Leyen, die mit Frau Baerbock in einem Wettbewerb um die stärksten Worte zu stehen scheint, angesichts des neunten Sanktionspaketes, das unter anderem den Transport von Öl auf dem Seeweg stoppen sollte, vollmundig erklärt, dieses Paket werde Russland „um eine Generation zurückwerfen". Das war bekanntlich die Generation, die noch mit Gülle und Mist gedüngt hat. Drei Monate später, am 5. Mai 2023, räumte die FAZ ein: „Immer mehr russischer

128 The Economist, 02.04. 2022
129 FAZ-Interview vom 30.12. 2022

Dünger auf deutschen Äckern – Importe haben sich verfünffacht." Der Zusammenhang ist simpel und entbehrt nicht einer gewissen Komik: Durch den Boykott russischen Gases rentiert sich in Deutschland die Herstellung des für Stickstoff-Dünger wichtigen Grundstoffes Ammoniak nicht mehr. Dünger aber sind von der Sanktionsorgie der EU bislang aus gutem Grund nicht erfasst: Sonst wankt mit der Verzögerung von einem Erntejahr die Ernährungsgrundlage für die 450 Millionen in der EU lebenden Menschen. Also kaufen deutsche Landwirte nun russischen Dünger und damit quasi veredeltes russisches Gas. Würde auch das unterbunden, landeten nicht russische, sondern deutsche Bauern wieder bei Gülle und Mist als Düngemittel – eben „eine Generation zurück".

Fast noch possenhafter als der schwunghafte Handel mit zu Dünger veredeltem Erdgas entwickelt sich die von Russland aufgebaute Alternative zu den vom Westen zugedrehten oder in Luft gejagten Gas-Pipelines. Schon am 14. Juni 2023 meldete die junge Welt gestützt auf das „Handelsblatt", dass sich russisches Erdgas selbst in der EU wachsender Beliebtheit erfreue, und verweist nicht nur auf weiterhin durch einige Pipelines zum Beispiel nach Österreich fließendes Gas, sondern auch auf folgenden Fakt: „Und die Menge des Flüssigerdgases, das mit LNG-Tankern in die EU verschifft wird, ist in diesem Jahr kräftig gestiegen. Im Januar wurden auf diesem Wege 1,552 Milliarden Kubikmeter eingeführt ... Im Januar 2021 habe die Zahl noch bei 758 Millionen gelegen." Der Autor des Artikels, Alexander Reich, resümiert zutreffend: „Brüssel kriegt den Hahn nicht zu."

Knapp ein halbes Jahr später, am 11. Dezember 2023, berichtet auch die FAZ im hinteren Teil auf einer halben Seite über den Aufschwung, den der russische Konzern Novatek genommen hätte – die Überschrift des Artikels lautet: „Russisches LNG für die EU". „In den ersten sieben Monaten dieses Jahres importierte die EU rund 40 Prozent mehr LNG aus Russland als vor dem Einmarsch in die Ukraine." Während die im Westen bekannte Firma Gazprom sich auf Pipeline-Gast spezialisiert hätte, hätte Novatek-Gründer Leonid Michelson, der auf einem Foto bei einem Besuch Putins in einer der technischen Anlagen zur LNG-Verschiffung gezeigt wird, auf für Tanker verflüssigtes Gas gesetzt. Dieses Geschäft floriert so gut, dass das Unternehmen die eingenommenen Mittel auch außerhalb des Gasmarkts einsetzen konnte, schreibt die FAZ weiter: „Laut Berechnungen des unabhängigen russischen Exilmediums ‚Nowaja Gaseta Europa' gehört Novatek außerdem zu den Un-

ternehmen, die am meisten die russischen Aktiva westlicher Konzerne auf-
kauften, die nach dem Überfall das Land verließen."

Vermutlich wird das in Vorbereitung befindliche 12. Sanktionspakete der
EU versuchen, auch diese als „Schlupflöcher" bezeichneten Lecks ihrer immer monströser und unübersichtlicher werdenden Sanktionsmaschinerie zu
flicken. Das wird nicht einfach: „Wenn manche Länder kein russisches LNG
mehr beziehen, wird es jemand anders kaufen", zitiert die FAZ Katja Yafima-
va, Gasexpertin beim Oxford Institute for Energy Studies.[130]

Das dritte Kernelement der Erdrosselungsstrategie gegen Russland fußte
auf dem Vertrauen in – oder dem Glauben an – die ewige, quasi gottgegebene
technologische Überlegenheit der USA und der EU gegenüber dem Rest der
Welt und namentlich dem russischen Volk. Das hat zwei Seiten. Die eine besteht – oder bestand – in der Hoffnung, der Rückzug westlicher Waren aus
den Regalen in Moskau, Petrograd und anderswo werde sich gegen die russische Regierung wenden. Das war ein im Wortsinn folgenreicher Irrtum. Die
Regale und Autohaus-Schaufenster füllten sich recht schnell mit High-Tech-
Waren aus China: Bauknecht raus, Huawei rein, Daimler raus, BYE rein. Da
vielfach schon Jahre, zum Teil Jahrzehnte vorher China drin war, wo „Made
in Germany" draufstand, verschwand mit deutschen Waren aus den Regalen
auch der Mythos Deutschland. Es stellte sich für Millionen Russen heraus,
dass die chinesischen Waren nicht nur preisgünstiger, sondern vielfach tech-
nisch auch besser waren als die vorher teilweise mit hohem Prestigeaufschlag
gekauften Produkte aus Baden-Württemberg, dem Rheinland oder Wolfs-
burg. Die im folgenden Kapitel noch näher zu beleuchtende Rückwirkung der
Sanktionspolitik auf Deutschland selbst wurzelt mit Blick auf die deutsche
Exportindustrie auch in diesem Aspekt. Der zweite Aspekt ist der der Fähigkeit, Technologie zu entwickeln, zu beherrschen und ggf. in anderen Ländern
einzukaufen. Hinsichtlich der Einkaufsfähigkeit gilt Ähnliches zum bereits
eben Geschriebenen: China hat inzwischen technologisch in so vielen Bereichen mit dem USA / EU-Block gleichgezogen oder ihn sogar überrundet, dass
die durch den weiter florierenden Gas-, Öl- und Uranexport Russlands üppig
gefüllten Devisenkassen sich nun nicht mehr Richtung USA, sondern eben
Richtung Peking entleeren, um von dort High-Tech-Zwischen- oder Endpro-

dukte zu kaufen. In der Frage der in Russland selbst entwickelten Technologie sitzen ganz offensichtlich selbst die herrschenden Kreise mindestens in Deutschland ihrer eigenen Propagandaträumerei auf. Die besagt seit den 1940er Jahren, dass Russland bestenfalls dicke Hämmer und Holzpantinen bauen könne, aber niemals so gute Fahrzeuge, Flugzeuge oder Computer wie Deutschland – erst recht nicht seit dem Bündnis Deutschlands mit dem Leuchtturm der Freiheit, den USA. Weder die Erfahrung, dass im Zweiten Weltkrieg die T34-Panzer die deutschen „Tiger" und „Panther" zu glühenden Schrottklumpen und russische Jagdflugzeuge die deutschen Stukas zu brennenden Fackeln verwandelt hatten noch der Sputnik oder die Errichtung der Weltraumstation MIR haben an dieser überheblichen und falschen Weltsicht irgendetwas Substantielles ändern können. Die Fehleinschätzung, das größte Land der Erde, das nicht nur den ersten Satelliten, sondern auch den ersten Menschen in den Weltall geschossen hat und nach wie vor eines der größten Weltraum-Startplätze des Globus betreibt, „auszuhungern von G-7-Technologie, Industrieanlagen und -Dienstleistungen, die seine Kriegsmaschinerie unterstützen"[131], wie es die Herren Biden und Schulz, assistiert von Frau von der Leyen, verkündeten, zeugt von dem Hochmut, der bekanntlich vor den Fall kommt.

Wer die herrschenden Medien seit dem Frühjahr 2023 aufmerksam verfolgt – international etwa „The Economist", national die FAZ –, wird festgestellt haben, dass die vorderen Seiten von Durchhalteparolen, die hinteren Seiten von Nachdenklichkeit hinsichtlich der Kriegserfolge gegen Russland und insbesondere der Wirksamkeit der ihm gegenüber verhängten Sanktionspolitik geprägt sind. So beklagte etwa Michael Harms, der Geschäftsführer des Ost-Ausschusses der deutschen Wirtschaft, in der FAZ vom 23. Februar 2023 auf Seite 15 mit Blick auf Russland einen „unglaublichen Zufluss von Einnahmen aus den Energieexporten", den anhaltenden Export von Flüssiggas aus Russland nach Europa und die Unterstützung aus Indien und China beim Verkauf von russischen Energieträgern. „Es wird keinen Zusammenbruch der russischen Wirtschaft geben. ... Putin wird das Geld für den Krieg nicht ausgehen", lautete nach einem Jahr Wirtschaftskrieg gegen Russland sein Resümee.

---

131 Abschlusserklärung des G7-Treffens vom 19.05.2023, hier zitiert nach der FAZ, 20.05.2023

Dieses Resümee wird noch zwingender, wenn man sich gedanklich schon jetzt einmal löst von dem, was sich realwirtschaftlich in den nächsten Jahrzehnten entwickeln wird: Die Fixierung auf den Dollar nicht nur als internationales Zahlungsmittel, sondern auch als Maßstab der Ermittlung wirtschaftlicher Stärke von Nationen.

Am Beginn des Wirtschaftskriegs, als doch einigen geschichtsbewussten Menschen ein wenig klamm wurde angesichts der offenen Kriegserklärung[132] gegen das Land, dessen Truppen ihr Banner 1945 auf den Trümmern des Deutschen Reichstages gehisst hatten, wurde zur Beruhigung solcher Sorgen auf die doch recht geringe Wirtschaftsleistung Russlands hingewiesen, die unter der Italiens läge. Das stimmt. Wer damals im „Weltalmanach" nachblätterte[133], konnte für Italien eine Wirtschaftsleistung von 1,88 Billionen US-Dollar herauslesen, für Russland aber nur eine von 1,47 Billionen Dollar. Das war nur etwas mehr als die Hälfte der für Deutschland dort vermerkten Wirtschaftsleistung von 3,8 Billionen Dollar. Wie sollte ein solches Leichtgewicht der Boykottmacht der unter dem Dollar vereinigten Staaten widerstehen? Im Sommer, als die Ernüchterung über das Scheitern des Wirtschaftskrieges gegen Russland schon von den Wirtschafts- auf die Politikseiten der großen meinungsbildenden Blätter vorgerobbt war, goss die britische Wirtschaftsagentur „BNE Intellinews" noch einen ordentlichen Schuss Wasser in diesen Wein der westlichen Begeisterung von der eigenen Stärke: „Demnach sind die westlichen Statistiken dadurch verzerrt, dass sie alle Wirtschaftsdaten in nominellen Preisen – umgerechnet in US-Dollar – verzeichnen. … Korrekter wäre es, schreibt BNE, Kaufkraftparitäten anzusetzen … Während im ersten Fall die deutsche Volkswirtschaft als mindestens doppelt so groß erscheint wie die russische, ziehen beide Länder beim Ansatz von Kaufkraftparitäten praktisch gleich, und dies bereits seit Jahren. Aktuell habe der Wert des russischen Sozialprodukts den des deutschen bereits knapp überstiegen, schreibt BNE: 5,32 zu 5,3 Billionen US-Dollar. Russland wäre damit die fünfreichste Volkswirtschaft der Welt, Deutschland auf Platz sechs abgerutscht."[134]

---

132 So etwa Deutschlands Außenministerin Annalena Baerbock am 24. Januar 2023 vor dem Europarat in einem Appell an die Einheit der westeuropäischen Länder: „Wir führen einen Krieg gegen Russland, nicht gegeneinander."
133 Kosmos Welt-Almanach 2022, Stuttgart 2021, SS. 206, 345 und 103
134 junge Welt, 11.08.2023. Die von BNE zugrunde gelegte Berechnung beruht auf dem vom The Economist entwickelten Big-Mac-Index, der m.E. eine ebenfalls die wirtschaftliche

Unter der Überschrift „The economic war – Ships in the night" veröffentlichte der „Economist" knapp ein Jahr nach Eröffnung des offenen Wirtschaftskrieges gegen Russland eine ausführliche Untersuchung, wie „Russland durch Winkelzüge Öl-Sanktionen in industriellen Größenordnungen" umgehe.[135] Die Untersuchung zeigt zum einen, dass Russland ohne wesentliche Einbrüche die EU als bisherigen Hauptabnehmer seines Rohöls durch Indien, China und selbst das NATO-Land Türkei ersetzen konnte. Das gelang unter anderem auch dadurch, dass Russland wie auch Indien und China in großem Umfang Tanker aus der ganzen Welt aufgekauft haben[136], Russland außerdem in der Lage war, international anerkannten Versicherungsschutz für mögliche Umwelt- und andere Schäden beim Transport des Öls aufzubauen und nun die unter russischer, indischer oder chinesischer Flagge fahrenden Tanker Öl aus Russland in diese beiden bevölkerungsreichsten und aufstrebenden asiatischen Wirtschaftsmächte befördern.

Die westliche Stimmung war in der Adventszeit 2023 trotz aller Kerzen düster. In einer im nächsten Kapitel noch einmal beleuchteten Ausgabe der FAZ finden wir auf Seite 3 einen sechsspaltigen Artikel[137] unter der Überschrift „Putins neue Welt rückt näher", der ein grelles Schlaglicht auf das Scheitern der Sanktionspolitik des Westens gegen Russland wirft: „Nach Flügen nach Abu Dhabi und Riad am Mittwoch und freundlichen Gesprächen mit dortigen Herrschern steht am Donnerstag der Empfang des iranischen Präsidenten Ebrahim Raisi im Kreml auf dem Programm. Es geht Putin um Allianzen jenseits des Westens wie die BRICS, die Neutralisierung von dessen Sanktionen, den Gazakrieg – und scheinbar nur noch am Rande um die ,Krise' in der Ukraine, so die wiederbelebte Moskauer Formel aus den Jahren 2014 bis 2022. Vor den Gesprächen mit Raisi allerdings nimmt Putin, wie es für ihn Tradition ist, am Nachmittag am Forum ,Russland ruft!' der vom Westen mit Sanktionen belegten Staatsbank VTB teil. In einer Ansprache wiederholt Putin seine

---

Leistungsfähigkeit eines Landes zugunsten aller auf dem Markt erscheinenden Geldströme darstellt – aber das wäre einer weiteren Betrachtung wert, die nicht hierher gehört.
135 The Economist, 04.02.2023
136 „Im letzten Jahr haben 200 Öltanker ihren Besitzer gewechselt – 55 Prozent mehr als im Jahr 2021"; ebenda, S. 61
137 FAZ, 08.12.2023; bezeichnenderweise als „Keller" unter einem noch größeren Artikel, der unter der Überschrift „Selenkyis Schonfrist ist vorbei" die innenpolitischen Folgen des Scheiterns der ukrainischen Offensive gegen die neuen Mitglieder der russischen Föderation darlegt

These, westliche Unternehmen, die sich aus Russland zurückgezogen hätten, hätten sich selbst um Chancen gebracht, wofür man sie bemitleiden müsse. Er verspricht, Russlands Wirtschaft werde in diesem Jahr um dreieinhalb Prozent wachsen ... Auf Fragen chinesischer Besucher aus dem Publikum sagt Putin dann, Amerika versuche, seine alte Dominanz zu verteidigen. Er hebt auch hervor, Russland sei bereit, mit China in allen Bereichen zusammenzuarbeiten, es gebe ‚keinerlei Beschränkungen', auch nicht im militärischen Bereich. Es gehe schließlich um die ‚künftige Weltordnung'."

In dieser von der FAZ erwähnten Rede vom 7. Dezember hat Putin die Wirtschaftsdaten seines Landes unter anderem wie folgt zusammengefasst: „Die russische Wirtschaft hält den Versuchen von außen, die Entwicklung unseres Landes zu bremsen, wirksam stand. ... Die Bürger und Unternehmen haben den nahtlosen Übergang zum nationalen Zahlungssystem, das jetzt erfolgreich funktioniert und sich entwickelt, nicht wirklich bemerkt. ... Im Grunde genommen entwickeln wir aktiv unseren eigenen Markt, und das führt natürlich zu systemisch positiven Ergebnissen. So ist beispielsweise das russische Bruttoinlandsprodukt (BIP) in den ersten zehn Monaten dieses Jahres um 3,2 Prozent gewachsen. Es ist heute schon höher als vor dem Angriff der westlichen Sanktionen. Es wird erwartet, dass das BIP bis zum Ende dieses Jahres – zumindest rechnen wir alle fest damit – um mindestens 3,5 Prozent steigen wird. ... Von Anfang März 2022 bis November dieses Jahres hat sich die Zahl der ausländischen Unternehmen in Russland ... nicht verringert. ... Sie hat zugenommen. Am 1. März 2022 waren 24.100 ausländische Unternehmen in Russland registriert. Am 1. November dieses Jahres waren es fast 1.500 mehr, nämlich 25.600. ... Im zweiten Quartal dieses Jahres stiegen die Investitionen in das Anlagevermögen um 12,6 Prozent, im dritten Quartal bereits um 13,3 Prozent. ... Die Reallöhne sind bis heute um sieben Prozent gestiegen, die real verfügbaren Einkommen um 4,4 Prozent. ... Während im vergangenen Jahr das Volumen der Rubelkredite an den Unternehmenssektor um 9,5 Billionen Rubel zunahm, sind es seit Beginn des Jahres mehr als 13 Billionen Rubel. Wir können getrost feststellen, dass die internen Quellen der Kreditvergabe an russische Unternehmen die externen ersetzt haben. ... Ein paar Worte zu den öffentlichen Finanzen. In den ersten elf Monaten dieses Jahres belief sich das Defizit des föderalen Haushalts auf 878 Millionen Rubel, was etwa 0,5 Prozent des BIP entspricht. Betrachtet man den konsolidierten Haushalt, so ergibt sich ein Überschuss von 837 Milliarden Rubel, wenn man die regionalen Finanzen usw. zusammenfasst. Mit anderen Worten, insgesamt befindet sich das russische Finanzsystem in einem absolut normalen, absolut gesunden Zustand."[138]

An dem von Putin erwähnten Auf- statt Abschwung des weltweiten Interesses von produzierenden oder Geldanlagen vermittelnden Unternehmen an Russland sind selbst westliche Unternehmen beteiligt – nicht nur durch ihr anhaltendes Engagement im großen Markt zwischen Smolensk und Wladiwostok. Die FAZ räumte am 4. Juli 2023 unter der Überschrift „Geschäfte mit Russland teils ausgeweitet" ein: „Die Mehrzahl der 1387 westlichen Unternehmen, die vor dem Überfall Russlands auf die Ukraine im Februar 2022 in dem Land tätig waren, betreibt weiterhin Geschäfte in Russland. Manche, darunter deutsche Unternehmen, haben ihren Umsatz in nicht mit Sanktionen belegten, legalen Geschäftsbereichen im vergangenen Jahr sogar ausgeweitet. … Damit haben westliche Unternehmen im vergangenen Jahr allein 3,5 Milliarden Dollar Gewinnsteuern an den russischen Staat gezahlt."

Ein nüchternes Studium der Sanktionsmechanismen im und nach dem ersten Weltkrieg hätte die Sanktionsmechaniker der EU und der USA davor bewahren können, die Erfahrung nun selbst zu machen, die damals allen Handelnden ziemlich schnell klar wurde: Es ist leichter, Sanktionen zu verhängen als sie durchzusetzen. Dazu bedarf es letztlich militärischer Macht und eines umfangreichen Apparates zur Erfassung aller Handelsströme, die heute noch weit umfassender sind als sie es 1913 oder 1914 waren. So häufen sich nach der Anfangseuphorie über die Wirkung des eigenen Sanktionsregimes schon recht bald ernüchternde Einsichten in die Wirkung der eigenen Waffe. Immerhin schon im April 2022 hatte der „Economist" nachgerechnet und einen nüchternen Blick auf die scheinbar überwältigende Phalanx der Ablehnung Russlands in der UNO angemahnt: „Am 2. März votierten 141 Länder in der UN dafür, Russlands Invasion zu missbilligen. Nur 5 stimmten dagegen und 35 enthielten sich.[139] Aber das tatsächliche Bild ist komplexer. Unsere Schwesterorganisation, die „Economist Intelligence Unit", notierte, dass nur ein Drittel der Weltbevölkerung in Ländern lebt, die nicht nur Russlands Invasion missbilligt, sondern auch Sanktionen verhängt haben. Die meisten von ihnen sind Länder des Westens. Ein weiteres Drittel sind

138 junge Welt, 11.12.2023
139 Die UN hat 193 Mitglieder, folglich blieben 12 dieser Abstimmung fern.

neutrale Länder. Dazu gehören Giganten wie Indien und einige schwierige mit den USA Verbündete wie Saudi Arabien und die Vereinigten Arabischen Emirate. Das letzte Drittel umfasst Länder, die für die russischen Erklärungen für die Invasion ein Echo bilden. Das größte, China, hat die *(russische – M.S.)* Propaganda wiederholt, die Ukraine habe mit amerikanischer Unterstützung Biowaffen-Laboratorium betrieben."[140]. Wer schneller sein wollte, konnte eine ähnliche Einschätzung – auch ohne Schwesterorganisationen mit klangvollen Namen – schon am 11. März in der Wochenzeitung „unsere zeit" lesen, wo es unter der Überschrift „Dicke Backen, kurze Arme" hieß: „Wer sich die Liste der Enthaltungen nüchtern ansieht, wird … schon beim Durchzählen der bevölkerungsreichsten fünf eine für die Sanktionskrieger ernüchternde Entdeckung machen: China, Indien, Pakistan, Bangladesch und Vietnam haben zusammen rund 3,3 Milliarden Einwohner – ein paar mehr also als Westeuropa und die USA. Danach folgen weitere Länder, die allesamt größer oder ähnlich groß sind wie Deutschland – zum Beispiel Iran und Irak, Kongo und Südafrika. Sie machen nicht nur nicht mit bei den Sanktionen (wie übrigens sogar das NATO-Mitglied Türkei), sie scherten auch aus der Verurteilungsfront aus und werden ihre Wirtschaftsbeziehungen zu Russland nicht abbrechen. In der Summe umfassen sie ziemlich genau die Hälfte der Weltbevölkerung."

Die hier erwähnte Türkei entwickelte sich zum Leidwesen etwa der USA im ersten Jahr nach dem offenen Eintritt Russlands in den ukrainischen Bürgerkrieg „immer stärker zur Handelsdrehscheibe Richtung Moskau", wie die FAZ am 7. Februar 2023 mit unverhohlener Empörung vermeldete. Unterlegt mit einem Foto, das eine lange Schlange von türkischen LKWs zeigt, die durch Georgien Richtung Russland rollen, wurde dort, gestützt auf entsprechende heftige Warnungen der USA an die Türkei, beschrieben, was statistische Zahlen ziemlich eindeutig belegen würden: Die Türkei kauft im Auftrag russischer Firmen Waren in den USA und der EU, die von Sanktionen belegt sind, etikettiert sie um und verkauft sie nach Russland. Ähnliches, so klagte dasselbe Blatt am 11. Februar desselben Jahres, passiere auch seitens der „EU-Länder Ungarn und Bulgarien" – und solchen Staaten wie Indien und anderen sowieso.

140 „Get off the fence", The Economist, 16.04.2022

Noch knapp zwei Wochen später, am 24. Februar 2023, stellt dann dieses für die herrschenden Kreise in Deutschland wichtigste Selbstverständigungsorgan mit resigniertem Unterton und unter der Überschrift „Stumpfes Schwert" fest: „Ein Jahr nach dem russischen Angriff auf die Ukraine wird immer klarer, dass die westlichen Sanktionen den Kriegsherrn Putin nicht außer Gefecht setzen. Sie wirken bestenfalls als schleichendes Gift. Nur sieben Staaten außerhalb der EU haben überhaupt Sanktionen erlassen. Das öffnet Zwischenhändlern, die mit sanktionierten Produkten Geld verdienen, Tür und Tor. Sie werden sich auch nicht von ‚transparenten Endverbleibserklärungen' aufhalten lassen, die deutsche Exportunternehmen jetzt für bestimmte Produkte unterschreiben sollen. Wie soll ein deutscher Mittelständler überhaupt sicherstellen, dass seine Waren nicht weiterverkauft werden und schließlich in die falschen Hände fallen." Dass die Sanktionen ihre verheerende Wirkung weniger in Russland, sondern vielmehr hierzulande entfalteten, lag 2023 auch daran, dass der fast verzweifelte Ruf des Economist „Get off the fence", Kommt von Eurem Zaun runter!, mit dem das Blatt den oben zitierten Leitartikel vom 16. April 2022 betitelte, nicht ungehört verhallte. Im weiteren Verlaufe des Wirtschaftskrieges verließen ganz offensichtlich immer mehr Länder den Zaun – in Richtung Russland.

Bevor wir uns diese Veränderung der weltweiten Kräfteverhältnisse, die durch das Entfesseln der Sanktionsmaschine des Wertewestens selbst beschleunigte wurde, genauer ansehen, werfen wir zunächst einen Blick auf die immer deutlicher werdende Wirkung dieser Politik auf die Wirtschaft in Deutschland.

Wirkungen nach innen

Test der deutschen Leidensbereitschaft

Am 19. August 2023 erschien auf dem Titelblatt des Londoner „Economist" ein aus DDR-Zeiten vertrautes grünes Ampelmännchen, das einen Infusions-Galgen schiebt. Die dazugehörige Überschrift war in Frageform gekleidet: „Ist Deutschland wieder der kranke Mann Europas?"

Im Innenteil wird die Frage sinngemäß mit einem „Nicht ganz so krank wie in den 1990er Jahren, aber eindeutig der Lahmste aller Industrienationen" beantwortet. Das Blatt stützt sich dabei vor allem auf Aussagen des in Washington ansässigen Internationalen Währungsfonds (IWF), nach denen Deutschland nicht nur eine drei Quartale hintereinander entweder schrumpfende oder stagnierende Wirtschaftsleistung aufweise. Schlimmer noch: Seinen Prognosen nach werde das auch so bleiben.

Die Folgemonate haben die in London formulierte Frage noch klarer beantwortet. Am 11. Oktober 2023 monierte die FAZ „Die deutsche Wirtschaft fällt zurück" und verwies auf den Kontrast, dass „kein Industrieland in Europa" so geringe Wachstumsaussichten habe wie dieses Land, während Russland sich „robuster als gedacht" zeige. „Die Wirtschaftsleistung in Deutschland schrumpft", bilanzierte dasselbe Blatt am 31. Oktober 2023 und ergänzte, die Hauptursache markierend: „Nach Angaben des Statistischen Bundesamtes … nahmen im dritten Quartal des laufenden Jahres besonders die privaten Konsumausgaben ab."

Die Talfahrt wird sich vermutlich auch über die Schlussbearbeitung dieses Buches hinaus fortsetzen. Jedenfalls gingen viele deutsche Einzelhändler angesichts dieser Konsumschwäche nicht wie sonst jahrzehntelang üblich voller Vorfreude, sondern eher düsterer Stimmung ins Weihnachtsgeschäft – der

Handelsverband HDE jedenfalls erwartete für die Monate November und Dezember gegenüber dem Vorjahr preisbereinigt ein Minus von 5,5 Prozent gegenüber den Vorjahren.[141]

Frühere Hoffnungen, so zeigen diese Zahlen, haben sich damit ebenfalls verflüchtigt. So berichtete die FAZ am 8. Februar 2023 zwar, „die Reallöhne sind gesunken" und verwies darauf, die Inflation habe „das Lohnplus aufgefressen", streute aber die Hoffnung: „Die Aussichten für 2023 sind etwas besser." Tatsache ist: Der Verarmungsprozess bei Menschen, die auf Tariflöhne, Lohnersatzleistungen oder staatliche Renten angewiesen sind, hat sich auch 2023 verfestigt und wird sich auch 2024 fortsetzen. Eine Aussicht auf Besserung gibt es nicht. Wer anderes sagt, betreibt Durchhaltepropaganda.

Wer ist schuld an diesem Absturz? Die herrschende Öffentlichkeit in Deutschland stellt entweder keinen Zusammenhang mit den weltpolitischen Ereignissen und den damit verknüpften Entscheidungen der deutschen Regierung her oder sie verkürzt das auf ein nebulöses „Putin" als Ursache des Wohlstandsverlust von Millionen von Menschen zwischen Rhein und Oder. Das in der Bundesrepublik mindestens medial inzwischen herrschende Denkverbot unterbindet weitgehend, auch nur die einfache Frage zu stellen, was denn gewesen wäre, wenn Deutschland auf die Auseinandersetzungen zwischen Russland und der Ukraine weder mit Waffenlieferungen noch mit Sanktionen noch mit dem Willen reagiert hätte, gänzlich auf den Kauf russischen Gases und russischen Öls zu verzichten und auch den Export deutscher Waren nach Russland nicht einzustellen. Die Antwort auf diese Frage liegt auf der Hand: Russland hätte weiter billiges Gas für deutsche Haushalte und die energieintensive Chemie- und Grundstoffindustrie geliefert, die dadurch ihre starke Stellung an den internationalen Märkten weiter behalten hätte. Die durch die noch unter früheren SPD-geführten Regierungen angeschobene Nord Stream 2 Pipeline würde die Versorgung mit diesem Energieträger auch bei weiteren Auseinandersetzungen zwischen den Staaten der ehemaligen Sowjetunion sicherstellen. Die Raffinerie in Schwedt an der Oder würde weiter Öl über die zu DDR-Zeiten gebaute „Drushba"-Pipeline beziehen und so Berlin und Brandenburg mit günstigem Benzin und Heizöl sowie den Rest der Republik mit Bitumen versorgen. Die Exportindustrie würde ihre

141 FAZ, 14.11.2023

Wachstumzahlen sowohl nach Russland als auch nach China fortsetzen und damit Gelder ins Land holen, von denen zwar der Großteil wie gehabt in den Taschen der Reichen und Superreichen landet, aber ein paar Brosamen kämen – wie gehabt – unten an und würden das Weihnachtsgeschäft 2022 und 2023 belebt haben.

Hätte, hätte, Fahrradkette – wer die Ursachenzusammenhänge verstehen wollte und will, kommt ohne linke Medienlektüre nicht aus. Susanne Knütter machte in der jungen Welt vom 6. Oktober 2023 klar: „Sanktionspolitik ist Krisentreiber". Am 2. März stellte dort Joachim Guilliard, Deutschland und Russland in den Fokus nehmend, die Frage: „Wer ruiniert wen?". Seine Untersuchung mit dem Thema „Der Wirtschaftskrieg gegen Russland und seine Folgen" macht auf die absehbaren Folgen der Entscheidungen der Herren Scholz, Habeck und Lindner aufmerksam: „Am stärksten schlägt der Wirtschaftskrieg auf Deutschland zurück, das sich bisher zu einem sehr hohen Anteil durch sehr günstiges russisches Erdgas aus Pipelines versorgte und daraus erhebliche Wettbewerbsvorteile zog. Kurz- bis mittelfristig können nur die USA einen großen Teil des russischen Gases ersetzen. Wenn die anvisierten Mengen realisiert werden … verlagert sich die Abhängigkeit Deutschlands wie die der gesamten EU beim Erdgasimport in Zukunft nur von Russland vollständig auf die USA – statt günstiges Gas per Pipeline vielfach teureres Flüssiggas, das per Schiff transportiert werden muss."

Weil heutzutage so viel von Geopolitik die Rede ist: Einigermaßen nützlich ist es, das letztlich ja immer zweidimensionale Smartphone oder auch dieses oder ein anderes Buch wegzulegen und sich einen guten alten Globus zur Hand zu nehmen. Auch im Zeitalter von Flugzeugen und Schiffen gilt: Es ist einigermaßen absurd für ein Land, das mitten im westlichen Zipfelchen des eurasischen Kontinents liegt, aus eigenem politischen Willen alle über die goldenen Jahrzehnte von 1970 bis 1990 aufgebauten Handelsverbindungen zum großen asiatischen Kontinent abzuschneiden und sein ökonomisches Heil in der Landmasse zu suchen, die nur durch eine Linksdrehung der Erdkugel, weit hinten über den Atlantik hinweg zu sichten ist. Das gilt umso mehr, als in deren nördlichen Teil – also in den USA und Kanada – zusammen keine 400 Millionen Menschen und damit mögliche Handelspartner leben, in Russland und China allein aber mit fast 1,6 Milliarden rund viermal so viele. Durch die strategische Grundentscheidung für die Kappung der Verbindungen mit dem geopolitisch naheliegenden Hauptpartnern derselben

Landmasse und für die Verlagerung der ökonomischen Hauptbeziehungen in die fernen USA sind – ohne Korrektur dieser Grundentscheidung – die Weichen für den weiteren Niedergang Deutschlands gestellt. Daran werden einzelne taktische Maßnahmen und kurzfristig schlau aussehende politische und ökonomische Kniffe wie die großmundig verkündete „Wasserstoffstrategie" nichts ändern, zumal dieser spätestens durch die Entscheidung des Bundesverfassungsgerichts vom 15. November 2023 der finanzielle Boden entzogen ist, die festlegte, dass für diese wie für andere „Transformationsprojekte" der einst für die Bekämpfung des Corona-Virus erstellte Kreditrahmen nicht genutzt werden dürfe.

Der mit der epochalen Fehlentscheidung für Sanktionen und die Entfesselung eines Wirtschaftskrieges gegen Russland herbeigeführte Niedergang Deutschlands hat mehrere Facetten. Beginnen wir mit dem Militär. Die Gefahr eines offenen Schießkrieges Deutschlands gegen Russland ist hier außen vor gelassen. Sie ist zwar so groß wie noch nie seit den frühen 1960er Jahren, aber zu dieser Gefahr hat Bertolt Brecht alles Wesentliche gesagt: „Das große Karthago führte drei Kriege. Es war noch mächtig nach dem ersten, noch bewohnbar nach dem zweiten. Es war nicht mehr auffindbar nach dem dritten."

Bis es soweit ist, bemisst sich der Aderlass nicht in Blut, sondern in Euro. Seit dem Frühjahr 2022 rollt ein ununterbrochener Strom von Waffen aus Deutschland nach Osten: bis Oktober 2023 über hundert Schützenpanzer, Kampfpanzer und gepanzerte Truppentransporter samt Munition, Brückenlegepanzer, Raketenwerfer, Maschinengewehre und – weil das am Ende ja auch gebraucht wird – 300.000 Erste-Hilfe-Pads und 500 Wundauflagen zu Blutstillung.[142] Dafür bezahlt die Ukraine nichts. Die Lieferungen werden haushaltstechnisch abgebildet im „Einzelplan 60" des sogenannten Verteidigungshaushalts. Der soll für 2024 gegenüber den ursprünglich vier Milliarden auf acht Milliarden Euro erhöht werden. Bis zum Oktober 2023 hat die Bundesrepublik den ukrainischen Streitkräften Waffen im Wert von 18 Milliarden Euro zur Verfügung gestellt.[143] Dazu kommen über die EU fließende Mittel für die Aufrechterhaltung des ukrainischen Staatsappara-

---

142 Zum Antikriegstag am 1. September 2023 veröffentlichte die junge Welt, gestützt auf Auskünfte der Bundesregierung, eine vorläufige Liste der „militärischen Unterstützungsleistung". Sie wird inzwischen überholt sein.
143 junge Welt, 15.11.2023

tes. Sehr grob und sehr vorsichtig geschätzt fließen aus Deutschland zurzeit Jahr für Jahr mindestens zwischen 12 und 15 Milliarden Euro in die
Ukraine, um deren Krieg gegen Russland am Laufen zu halten. Sie fehlen
hierzulande von der Kindergrundsicherung über die fällige Sanierung von
Schulen bis hin zum Aufbau eines klimafreundlichen öffentlichen Perso-
nennahverkehrs.

Die von Kanzler Scholz im Februar 2022 ausgerufene „Zeitenwende" für
mehr Krieg und Militär führt nicht nur – mit Hilfe deutscher Waffen – zu
Särgen in Russland, sondern sie ist auch der entscheidende Sargnagel für
alle Hoffnungen auf eine ökologische Zeitenwende. Zunächst ist klar: Es
gibt keine menschliche Handlung, bei der der Erhalt der lebendigen Natur
so sehr aus dem Blickfeld gerät wie ein Krieg. Wer an der Front ums Über-
leben kämpft oder militärische Befehle auszuführen hat, wird weder Pferd
noch Blume schonen. Es grenzt ans Absurde, hierzulande Debatten um die
Ersetzung von Verbrennungs- durch Elektromotoren zu führen, aber vom
Kabinettstisch aus zu Hunderten Kettenfahrzeuge an die Front zu beordern,
die – wie der Leopard – rund 500 Liter Diesel auf 100 km verbrennen. Ähnlich absurd ist die Ersetzung von relativ umweltfreundlich gefördertem und
transportiertem Erdgas aus Russland durch extrem umweltfeindlich geför-
dertes, dann mit hohem Energieaufwand tiefgefrorenes und mit dieselge-
triebenen Schiffen an die deutsche Küste transportiertes, dort wieder verflüssigtes und dann in die Netze eingespeistes Fracking-Gas aus den USA
und anderswo.

Durch die Beteiligung Deutschlands am Schießkrieg gegen Russland
fließen Milliardenmittel statt in hiesige Schulen an die neue Front im Osten. Durch die Kappung der Wirtschaftsverbindungen zu Russland und zunehmend auch zu seinem strategischen Partner China verteuern sich die
hiesigen Herstellungskosten der Industrie, sinken folglich mittelfristig die
Steuereinnahmen und schnüren auch von dieser Seite die politischen Optio-
nen des Landes ein. Das war nach der letzten Bundestagswahl völlig anders
geplant und verkündet. Damals fabulierten Kanzler Scholz und sein Wirtschaftsminister Habeck um die Wette angesichts des von ihnen verkündeten
„grünen Wirtschaftswunders". Sie jonglierten öffentlich mit Wachstumsraten, die vergleichbar wären mit denen in den 1950er und 1960er Jahren –
also von real 7 oder mehr Prozent pro Jahr. Die Idee war, von Deutschland
aus „die Welt mit so vielen Elektroautos, Wärmepumpen und effizienten

Maschinen (zu) versorgen, dass der Wohlstand hierzulande steigt und nicht sinkt".[144] Das war das Papier nicht wert, auf dem diese Hoffnungen geweckt wurden. Die Seifenblasen sind geplatzt, und von den vielen Subventionsversprechungen für die „grüne Transformation" werden 2024 und 2025 zuerst diejenigen wieder einkassiert werden, die vor allem den von der Inflation gebeutelten unteren Klassen und Schichten den Weg in eine schöne neue Welt versüßen sollten. Damit wären wir bei der sozialen Schieflage, die sich durch Subventionen und Krieg weiter verschärft hat und noch weiter verschärfen wird.

Lehrreiche Rückblicke auf 1923 und 1973

Sowohl Wirtschafts- als auch Schießkriege kosten Geld. Sie verschärfen die schon in Friedens- und Aufschwungszeiten immer wogende Frage, wer welche finanziellen Lasten tragen soll. Als wichtigstes Mittel zur Finanzierung von Kriegen haben sich seit etwa der vorletzten Jahrhundertwende aus der Sicht der Herrschenden Staatsschulden bewährt, die noch während und nach dem offenen Schlagabtausch mit dem Gegner durch Geldentwertung vom Staat und Sachwerte-Besitzern (Gold, Immobilien, Eigentumstitel an Fabriken) auf die breiten Volksmassen abgewälzt werden, die ihren Lebensunterhalt ausschließlich oder weitgehend in staatliche garantierten Währungen bestreiten müssen. Bevor wir zur aktuellen Situation zurückkehren, wenden wir uns daher kurz einem geschichtlichen Rückblick zu.

Heinrich Winkler hat völlig recht, wenn schreibt: „Bis in die Gegenwart verbindet sich in Deutschland mit dem Stichwort ‚Inflation' die Vorstellung vom Währungschaos des Jahres 1923 – die Erinnerung an jene Zeit, in der ein Laib Brot erst Tausende, dann Millionen und schließlich Milliarden Mark kostete und die Arbeiter Koffer oder Rucksäcke brauchten, um ihren Lohn nach Hause zu bringen, eine Zeit, in der unzählige kleine Sparer ihr gesamtes Vermögen verloren, während einige Industriemagnaten sich ganze Wirtschaftsimperien zusammenspekulierten."[145]

144 FAZ, 16.05.2023
145 Heinrich August Winkler, Von der Revolution zur Stabilisierung. Arbeiter und Arbeiterbewegung in der Weimarer Republik 1918 bis 1924, Berlin 1984, S. 373

Dieses „Währungschaos" ist untrennbar mit dem Ersten Weltkrieg verbunden. Einer der bis heute bedeutendsten Wirtschaftshistoriker deutscher Zunge, Hans Mottek, fasst dies so zusammen: „Die im Kriege aufgestaute Kaufkraft musste sich, obwohl sich dieser Prozess bis zum Sommer 1919 nur in den ersten Anfängen zeigte, unter diesen Bedingungen elementar Bahn brechen. Der Gegenwert für diese Kaufkraft war bereits im Kriege durch die Rüstungswirtschaft aufgebraucht. Der Geld- und Kapitalmarkt verflüssigte sich, das Riesengeschäft mit der imperialistischen Form der ‚ursprünglichen' Akkumulation begann."[146]

Dieses „Riesengeschäft" war kein Resultat blinder Marktkräfte. Es war – wie Mottek und andere ausführlich zeigten – eine politisch begleitete kühle Ausnutzung dieser Marktmechanismen, um über eine „Inflationskonjunktur"[147] die Krise des deutschen Imperialismus nach seiner Niederlage vom November 1918 sowohl ökonomisch als auch politisch zu überwinden. Dazu sollten die Kosten des Krieges auf die deutsche Bevölkerung abgewälzt und gleichzeitig die Schuld an den Entbehrungen den Siegermächten in die Schuhe geschoben werden: „In wirtschaftlicher Hinsicht wurde der Vertrag von Versailles von der Monopolbourgeoisie benutzt, um die entstehenden Lasten vor allem mittels des Inflationsmechanismus ebenso wie im Kriege auf die werktätigen Massen abzuwälzen."[148] Es zeichnete sich nach Kriegsende schnell ab, dass steigende Preise jenen, die darauf spekulierten, Geld in die Taschen spielen würden: „Die spekulativen Käufe von Dollars und die spekulativen Käufe von Waren auf dem Inlandsmarkt … beruhten letztendlich darauf, dass man mit einer Zuspitzung der Inflation … rechnete."[149] Bis zur Jahreswende 1922/23 verlief dieser Prozess aus der Sicht der Herrschenden gut. Das Ergebnis der Inflationskonjunktur waren „eine beschäftigte, aber halbverhungerte Arbeiterklasse, deren Reallöhne niedrig gehalten wurden"[150] und eine regelrechte Exportoffensive deutscher Waren aufgrund der fallenden Wechselkurse der Mark im Verhältnis zu fast allen anderen Währungen.

146 Hans Mottek/Walter Becker/Alfred Schröter, Wirtschaftsgeschichte Deutschlands. Ein Grundriß, Band III, Berlin 1974, S. 234
147 ebenda. S. 237
148 ebenda, S. 236
149 ebenda, S. 237
150 ebenda, S. 240

Im Jahre 1923 geriet dieser Prozess zunehmend außer Kontrolle und mündete schließlich am 15. November dieses Jahres in die Einführung der „Rentenmark", durch die die alte Reichsmark im Verhältnis von 1:1 Billion entwertet wurde – und mit ihr alle Vermögenswerte, die noch auf Reichsmark lauteten. Dieser Währungsschnitt, der, wie kurz skizziert, ideologisch den Siegermächten des Ersten Weltkrieges in die Schuhe geschoben wurde – im Gegensatz zu den wirklichen Ursachen –, bildete eine der Grundlagen für den folgenden Aufschwung faschistischer Massenparteien, der im Januar 1933 in ihrer Regierungsübernahme mündete.

Eine Rolle spielte dabei auch die in dieser Zeit weiter bestehende Spaltung der deutschen Arbeiterbewegung. Einerseits kam es bereits im Sommer 1922 zu „zunehmenden Streiks und dem Anwachsen des politischen Kampfes der Arbeiterklasse unter Führung der KPD".[151] Ein Jahr später trug diese Entwicklung wesentlich zu den Überlegung der Herrschenden bei, die Ernte der Früchte der Inflationskonjunktur vor einem drohenden Wolkenbruch nun bald unter Dach und Fach zu bringen: „Unter dem Einfluß der entstehenden revolutionären Situation und der erzwungenen Aufgabe des ,passiven Widerstands' in den Kohlenzechen an der Ruhr suchten die entscheidenden Kräfte des deutschen Monopolkapitals nunmehr, die Inflation mit Hilfe amerikanisch-englischer Unterstützung zu beenden."[152]

Andererseits war die Reaktion des sozialdemokratisch dominierten „Allgemeinen Deutschen Gewerkschaftsbundes" (ADGB) von Hilflosigkeit gekennzeichnet. Dies hängt ursächlich mit der – bis heute von der sozialdemokratisch dominierten Geschichtsschreibung positiv vermerkten – „epochalen Entscheidung für den Burgfrieden" der von der SPD dominierten Gewerkschaften im Jahre 1914 zusammen. Sie war verknüpft mit der „endgültigen" Entscheidung für „einen reformorientierten Weg, den sie weder in der revolutionären Übergangsphase 1918/19 noch in den Jahren der Weimarer Republik wieder verließen."[153] Nach den Jahren 1918/19 trat das Wirken im politischen Raum daher „mit Abschluß dieser Periode ... abrupt wieder in den Hinter-

151 ebenda, S. 244
152 ebenda, S. 251
153 Michael Ruck (Hrsg.), Quellen zur Geschichte der Deutschen Gewerkschaftsbewegung. Die Gewerkschaften in den Anfangsjahren der Republik 1919-1923, BUND-Verlag Köln 1985, S. 7

grund."[154] In diesem Selbstverständnis bildet das „angestammte Tätigkeits-
feld" der Gewerkschaften „Aufbau und Unterhaltung von Selbsthilfeeinrich-
tungen der Arbeitnehmerschaft, vor allem aber deren Interessenvertretung
gegenüber der Arbeitgeberseite".[155]

Wer die Dokumente des ADGB aus jenen Jahren studiert, stellt eine
Kombination aus Klarheit in der Analyse und völliger Lähmung in Bezug
auf praktische Konsequenzen fest. So rechnet Josef Simon, Vorsitzender des
Schuhmacherverbandes in einer Sitzung des Bundesausschusses am 29. Juni
1922 seinen Kollegen nüchtern vor: „Der Lohnabbau vollzieht sich bei uns in
Deutschland ganz automatisch durch die Verschlechterung des Geldes. Die
Löhne in der Schuhindustrie sind in der Zeit vom 1. Januar 1921 bis jetzt um
das 3,3fache gestiegen. Die Lebenshaltung nach der Indexziffer um das 4,3fa-
che, so daß die Löhne um mindestens 40 Prozent höher sein müßten, hätten
sie mit der Preisbewegung gleichen Schritt gehalten."[156] Die Vorschläge der
mit der KPD verbundenen Teile der Gewerkschaftsbewegung, dagegen vorzugehen, werden zurückgewiesen – mit einem niederschmetterndem Ergebnis, das bis heute wie ein Menetekel an der Wand jedes Gewerkschaftshauses
stehen sollte: „Den Gedanken, diese Entwicklung … mit einem Generalstreik
aufhalten zu wollen, hatten die Führer der Freien Gewerkschaften schon Mitte Oktober 1923 fast einhellig als realitätsfern, ja unverantwortlich verworfen.
… Finanziell längst am Ende, mußten sie einen großen Teil ihrer hauptamt-
lichen Funktionäre entlassen, ihre Presse drastisch einschränken, zeitweilig
sogar die Unterstützungszahlungen an ihre Mitglieder einstellen. Schwerer
indes wog der katastrophale Vertrauenseinbruch bei der Arbeitnehmerschaft.
Denn er verlieh nicht nur der kommunistischen Opposition beispiellosen
Auftrieb, sondern löste vor allem auch einen Massenexodus der Mitglieder
aus: Allein im letzten Quartal des Krisenjahres 1923 verloren die im ADGB
zusammengeschlossenen Verbände jedes fünfte ihrer Mitglieder, insgesamt
1,3 Millionen."[157]

Der inflationäre Schub, der sich ziemlich genau ein halbes Jahrhundert
später – also 1973 – in Westdeutschland entfaltete, hat bei allen historischen

154 ebenda, S. 9
155 ebenda
156 ebenda, S. 609
157 ebenda, S. 18

Unterschieden und vor allem bei den verglichen mit den 20er Jahren geringeren Inflationsraten eine Reihe von Parallelen. Er hängt in seinen Ursachen
nicht nur auch mit einem Krieg, dem Vietnam-Krieg, zusammen. Auch er
zeigt die Kombination zwischen Schwäche revolutionärer Kräfte und Hilflosigkeit der über die Regierung eingebundenen Gewerkschaftsführung, die
letztlich dazu führt, dass es zur Einkommensstagnation oder einem Reallohnverlust bei der von Löhnen und Lohnersatzleistungen abhängigen Bevölkerung kommt.[158]

Grob zusammengefasst ist die geschichtliche Lehre folglich so: In der imperialistischen Phase der Entwicklung des Kapitalismus verknüpft sich die
Inflation eng mit der Frage des Krieges. Große Kriege – vor allem, wenn sie
verloren gehen – führen zu großer Inflation, kleinere zu kleinerer. Inflation
ist ökonomisch ein ideales Instrument, um Kriegsfolgen auf die Massen der
abhängig Beschäftigten abzuwälzen, und sie ist ideologisch ein ideales Instrument, die Schuldfrage auf andere Staaten abzuwälzen.

Menetekel

Die oben aufgeführten Grundmuster solcher Prozesse finden sich auch in
den aktuellen Erscheinungen zur Finanzierung der Wirtschafts- und Schießkriegsmaßnahmen der deutschen Regierung wieder. Daran ändert die Tatsache nichts, dass es vor allem begrifflich im Instrumentarium der herrschenden Kasten deutliche Fortentwicklungen gegeben hat. Sprach auch
der Reichskanzler 1914 noch von „Kriegskrediten", nannte es der deutsche
Bundeskanzler 108 Jahre später „Sondervermögen". An der Sachlage ändert
das nichts: Die Kredite zum Kauf neuer Waffen im Umfang von zunächst
100 Milliarden Euro sollen vom Volk zurückgezahlt werden – vermutlich in
einer Mischung aus Steuererhöhungen, Streichung sozialer und kultureller
Leistungen und eben auch Geldentwertung, die vor allem den Hauptgläubiger im Land, den Staat, real entlastet. Gravierender noch als diese Aufwendungen sind – bislang jedenfalls – die ökonomischen Resultate des gegen

---

158 Dazu ausführlich: Manfred Sohn, Das lange Ringen um den Wert des Lohns, Schlaglichter zur Geschichte des Kampfes gegen die Inflation, in: Marxistische Blätter, 6/2022,
Essen 2022, S. 23ff

Russland entfesselten Wirtschaftskrieges, also – wie bereits dargestellt – die Verteuerung der Energie- und Lebensmittelpreise. Die Preissteigerungsraten für diese Güter lagen in den Jahren 2022 und 2023 zwischen 10 und 20 Prozent höher, in einzelnen Bereichen, z. B. bei Erdgas noch höher.[159] Weder die Erhöhungen von Tariflöhnen noch die von Lohnersatzleistungen oder staatlichen Renten erreichten diese Werte. Die Folge war und ist ein massiver Wohlstandsverlust von mehr als zwei Dritteln der Bevölkerung dieses Landes. Der Wirtschaftskrieg nach außen entpuppt sich zunehmend als ein Wirtschaftskrieg nach innen.[160]

Wie schon bei den inflationären Schüben des 20. Jahrhunderts bestätigt sich auch beim jetzigen (wirtschafts-)kriegsinduzierten Inflationsschub die Regel, dass die Geldentwertung Leid für viele, aber Freude und Reibach für einige wenige bedeutet. So musste selbst die FAZ am 14. Dezember 2022 einzuräumen: „Schuld an der Inflation ist nicht nur der Krieg. Eine Studie analysiert die ‚Gewinn-Inflation‘: Unternehmen nutzen die Gunst der Stunde – um Marge und Gewinn deutlich auszuweiten." Es ließe sich zeigen, so werden dort entsprechende Untersuchungen zitiert, „dass insbesondere in der Land- und Forstwirtschaft einschließlich Fischerei sowie im Baugewerbe und im Sektor ‚Handel, Gastgewerbe und Verkehr‘ die Unternehmen ihre Preise deutlich stärker erhöht hätten, als es aufgrund der gestiegenen Vorleistungspreise allein zu erwarten gewesen wäre." Dadurch hat sich mit der Inflation die soziale Kluft im Lande noch mehr geöffnet – die Armen sind durch den inflationären Schub noch ärmer, die Wohlhabenden durch die Gewinn-Preis-Spirale noch reicher geworden, oder um es personifiziert auszudrücken: Die Aldi-Brüder sind dank der Inflation noch reicher, die Aldi-Kunden noch ärmer geworden.

Ein weiterer die Armut verschärfender Faktor ist die Haushaltsplanung der amtierenden Bundesregierung. „Ampel macht arm" titelte Simon Zeise bereits am 29. September 2022 in der jungen Welt völlig zutreffend und verwies auf die soziale Schieflage der vorgeblich inflationsmildernden Maßnahmen der Bundesregierung, die vor allem Unternehmen und Wohlhabenden zugutekämen, die von den Energie- und Lebensmittelpreissteigerungen am

---

159 bei Erdgas beispielsweise von November 2021 bis November 2022 ein Plus von 112 Prozent

160 ausführlich dazu u. a. Conrad Schuhler, Deutschland im Wirtschaftskrieg, Köln 2023

meisten Betroffenen aber im Schacht hängen lassen würden. So wären folglich „immer mehr Menschen auf ‚Tafeln' angewiesen. Das „Elend an der Heimatfront", wie Björn Blach gut ein Jahr später, am 17. November 2023 in der Wochenzeitung unsere zeit, formulierte, hat sich in diesem Jahr Wirtschaftskrieg gegen Russland nicht nur quantitativ, sondern an einer entscheidenden Stelle auch qualitativ und sichtbar für jeden, der Augen hat, gesteigert: „Wer in den letzten Monaten an einem beliebigen Bahnhof einer größeren deutschen Stadt die Augen vor dem sozialen Elend nicht verschlossen hat, weiß von dem Problem. Die Bundesarbeitsgemeinschaft Wohnungslosenhilfe (BAGW) hat diese Beobachtung jetzt mit Zahlen unterlegt: Etwa 50.000 Menschen leben in Deutschland auf der Straße. Das entspricht der Einwohnerzahl Heidenheims in Baden-Württemberg. Eine ganze Stadt schläft unter Brücken, in Hauseingängen oder Zelten. Aber nur ungefähr jeder zehnte Mensch ohne feste Wohnung lebt auf der Straße. Viele von ihnen sind in Unterkünften untergebracht oder schlafen bei Freunden und Bekannten. Laut BAG W waren 2022 über 600.000 Menschen obdachlos, fast die Einwohnerzahl Leipzigs. Ein Viertel davon waren Kinder."

Dies hängt damit zusammen, dass die Regierung Scholz[161] das im Koalitionsvertrag verkündete Ziel von 400.000 neuen Wohnungen, davon 100.000 mit Sozialbindung, gleich im ersten Wirtschaftskriegsjahr kassierte. Entstanden sind in den ersten beiden Regierungsjahren nur jeweils gut die Hälfte des Gesamtziels und ein Viertel des Ziels für Sozialwohnungen – das könne, so Werena Rosenke, Geschäftsführerin der BAG W, „nicht einmal das Abschmelzen des Sozialwohnungsbestandes durch Auslaufen der Bindungen kompensieren."[162] Folglich wird das Angebot an Wohnungen politisch gewollt verknappt, und damit werden den Hauseigentümern die Türen geöffnet, Mietpreise im Gleichklang mit den Lebensmittelpreisen – in den Großstädten verstärkt – nach oben wandern zu lassen. Es wird daher 2023 nicht bei 600.000 obdachlosen Menschen in Deutschland bleiben. Letztlich ist auch das ein Ergebnis der Umschichtungen im Bundeshaushalt zugunsten des Kriegskurses gegen Russland.

---

161 Der spätere Kanzler hatte sich im Wahlkampf 2021 noch unter der Losung „Jetzt faire Mieten wählen – Scholz packt das an" auf großen Plakatwänden als Anwalt der Mieter präsentiert.
162 unsere zeit, 17.11.2023

Der angesichts solcher Entwicklungen sich langsam aufstauende Unmut hat sich bis jetzt noch nicht in den Straßen und Betrieben entladen, sondern er artikuliert sich vor allem bei Umfragen und in Wahlkabinen in einer sich verfestigenden Abkehr von den regierenden Parteien SPD, Grüne und FDP. Noch läuft also der Test der deutschen Leidensbereitschaft, den die herrschenden Klassen dieses Landes gegenwärtig ganz offensichtlich durchführen.

Er könnte sich allerdings schon in den Jahren 2024 oder 2025 einem kritischen Punkt nähern. Das hängt damit zusammen, dass alle Waffenlieferungen und Sanktionsmaßnahmen gegen Russland, das seine „strategische Partnerschaft" mit der Volksrepublik China schon vor dem 24. Februar 2022 besiegelte, nicht haben erschüttern, geschweige denn sprengen können. Wäre es nicht so gefährlich, könnte man mitleidig lächelnd wie auf ein schmollendes Kind auf den US-Präsidenten herabsehen, als er unmittelbar nach einem Treffen mit dem chinesischen Präsidenten am 16. November 2023 auf der Bezeichnung „Diktator" für seinen Gesprächspartner beharrte. Es liegt in der fatalen inneren Logik der an die USA gefesselten deutschen Außenpolitik, die die Welt in menschenrechtsbewahrende hiesige Demokratien und menschenrechtsfeindliche fremde Autokratien und Diktaturen mit den Kernländern Russland und China unterteilt, dass sie die westliche Sanktionsmaschine, mit der sie erfolglos Russland in den Ruin treiben wollte, nun auch auf China anwendet.

Vorwände für ein solches weiteres Schrauben an der Sanktionsspirale finden sich immer – ob nun Tibet, Taiwan oder andere Landesteile Chinas, in denen es die Menschenrechte aus westlicher Sicht zu verteidigen gäbe. Erste tastende Schritte dazu hat es – verkündet durch den Mund der aus Deutschland kommenden EU-Kommissionspräsidentin Ursula von der Leyen – schon gegeben. Am 13. September 2023 kündigte sie vor dem Europäischen Parlament die Prüfung von Zöllen gegen Chinas Elektroautos an. Das geschah nicht zufällig, nachdem die kurz zuvor stattgefundene „Internationale Automobilausstellung" (IAA) den Eindruck verstärkt hatte, dass die Ampelregierung in Deutschland – das vor allem dank seiner Automobilindustrie in der zweiten Hälfte des zwanzigsten Jahrhunderts zur Exportnation geworden sei – nach den Zielen im Wohnungsbau ein weiteres wichtiges Ziel abräumen könne. Noch im Koalitionsvertrag von 2021 hatten die drei Koalitionäre davon fabuliert, Deutschland solle „Leitmarkt der Elektromobilität" werden. Knapp zwei Jahre später lautet nach der IAA das Resümee der FAZ: „Deutschland steuert … im kommenden Jahr auf eine Flaute beim Absatz von E-Autos zu."

Auch wegen der schlechten Autokonjunktur zeichnet sich eine Rezession ab. Leitmarkt für die Elektromobilität ist unterdessen China geworden ... China hat die Rohstoffe und die Batteriefabriken, um die sich Deutschlands Industrie und Politik zu spät gekümmert haben. Daher können chinesische E-Autos nun viel billiger gebaut und angeboten werden. ... Die IAA 2023, eröffnet von Kanzler Olaf Scholz, könnte der Anfang eines deutschen Niedergangs sein."[163]

Allein die Ankündigung, sich gegen diesen Niedergang mit der Errichtung von Zollschranken zu stemmen, rief heftige Reaktionen hervor. Am 15. September 2023 warnte die FAZ vor „fahrlässigem Protektionismus" und ließ den Ökonomen Gabriel Feldermayr ausführen, die EU werfe angesichts ihrer eigenen Unterstützung für EU-Konzerne „mit einem Stein im Glashaus". Zwei Monate später macht sich die FAZ dieses Unwohlsein sogar in ihrem Leitkommentar zu eigen, indem sie formuliert: „VW-Chef Oliver Blume, einer der mächtigsten Manager der Republik, hat also recht, wenn er den Standort Deutschland auf vielen Feldern als ‚nicht wettbewerbsfähig' geißelt. Auch den eigenen Konzern verdonnert er dazu, ‚deutlich robuster' zu werden, wie er kürzlich in der F.A.Z. verkündete. In der Tat: Die Kosten müssen sinken und die Rahmenbedingungen besser werden. Sonst wird Deutschlands Leitindustrie mit ihren knapp 800.000 direkt Beschäftigten im Wettbewerb zerlegt."[164]

Dieser drohende Niedergang oder gar Absturz deutscher Industrieunternehmen betrifft nicht nur die Autoindustrie.

Ein weiteres Menetekel war der Verkauf des Wärmepumpengeschäfts des hessischen Heizungsherstellers Viessmann an den US-amerikanischen Konzern Carrier im Frühjahr 2023. Rund 12 Milliarden Euro wechselten den Besitzer. Hohe Aufmerksamkeit hatte das Geschäft vor allem deshalb erregt, weil es den – anstelle nüchterner Analysen – heute in Mode gekommenen grün-alternativer „Erzählungen" völlig zuwiderläuft. Die gingen so: Deutschland ist industriell führend vor allem im Bereich der Umwelttechnologie. Der anstehende Umbau der Weltwirtschaft auf CO-2-neutrale Technik wird die Nachfrage nach deutscher Technologie folglich massiv ansteigen lassen und so diesem Land Wachstumsraten bescheren wie seit den Zeiten des (west-)

163 Tobias Piller, Vor der Rezession der Autobranche, FAZ 04.09.2023
164 Christian Müßgens, Rosskur für die Autobranche, FAZ, 29.11.2023

deutschen Wirtschaftswunders nicht mehr. Wirtschaftsminister Robert Habeck träumte denn auch in seiner Osteransprache 2023 von einer „kommenden wirtschaftlichen Prosperität". Sowohl die Umrüstung weltweiter Auto-
flotten vom Verbrennungs- auf Elektroantrieb als auch die Umrüstung von
Millionen von Häusern auf Beheizung mit Strom, der aus regenerativen Quellen gespeist wird, sollte das Label „Made in Germany" in die Welt tragen.

Die bis dahin schon auf dem Tisch liegenden Warnungen – so eine Art
Vor-Menetekel – wurden geflissentlich ignoriert. Ähnlich sollte schon die Be-
pflasterung von Dächern mit Photovoltaikanlagen ablaufen. Auch da sollten
zuerst auf deutschen Dächern, dann überall in der Welt die „Made in Germany"-Schildchen draufkleben. Das wurde nix – die deutschen Anbieter wurden
vor allem von chinesischen Firmen, die dieselben Produkte billiger und besser anboten vom Markt gefetzt.

Nun also Viessmann. Er verkaufte in die USA, weil er nach China nicht
verkaufen darf. Er wird sich das Gewürge um die Minibeteiligung chinesischer Unternehmen am Hafenterminal Tollerort in Hamburg genau an-
geschaut und seine Schlüsse daraus gezogen haben: Die 12 Milliarden aus
den USA fließen schnell – wer weiß, ob entsprechende Milliarden aus China
überhaupt je geflossen wären. Die detaillierte Begründung der Familie Viessmann macht klar: Die Hauptkonkurrenten sitzen nicht jenseits des Atlantiks,
sondern in Asien, vor allem in China. Dort entwickeln sich die Märkte so,
dass die im Raum China / Indien / Vietnam / Russland erzielbaren Skaleneffek-
te – also Erträge aus der Herstellung eines Produktes in großer Zahl – die
Möglichkeiten jedes europäischen Unternehmens weit übersteigen. Das sei,
so Viessmann, nicht kompensierbar – also verkaufe er an den, der sich traut,
dem noch die Stirn zu bieten.

Sehenden Auges marschiert die herrschende Klasse in Deutschland dieser
Rutschbahn nach unten entgegen. Spätestens in der zweiten Hälfte 2022 wusste jeder, was bei Aufrechterhaltung des jetzigen politischen Kurses droht. Für
Steinmeier, so berichtet die FAZ am 29. Oktober 2022, beginne „eine Epoche
im Gegenwind", und er rief die „Bürger ‚im Angesicht des Bösen' zu Beschei-
denheit auf". Die Regierung selbst hat sich zweitweise – allerdings ziemlich
erfolglos – in eine Vertriebsgesellschaft von Handelsreisenden verwandelt,
die rund um den Globus Bücklinge machend für Energiequellen und Absatz-
märkte Klinken putzt. Hilflos sehen die Herren leerlaufender Kassen zu, wie
auch die technologische Basis des Landes brüchiger wird: „Kostenschock für

die Hochschulen – Teure Energie bremst Forschung und Lehre. Die Finanzierung hält nicht Schritt. Es droht auch Personalabbau."[165]

In dieser abschüssigen Lage stimmte auch Deutschland dem 11. EU-Sanktionspaket zu. Es sieht im Kern vor, die bisher von der EU als völkerrechtswidrig abgelehnten sogenannten Sekundärsanktionen zu verhängen. Gekappt werden danach nicht nur Wirtschaftsverbindungen nach Russland. Auf eine schwarze Liste gesetzt werden nun auch chinesische High-Tech-Unternehmen, die Waren nach Russland liefern. Sie sollen vom EU-Markt ausgeschlossen werden – Schulter an Schulter mit den USA, die das für ihre Märkt tun. In der heute üblichen Schnoddrigkeit wurde das am 9. Mai 2023, dem Tag des blutig errungenen Sieges der Völker der Welt über den deutschen Größenwahn, verkündet. Am selben Tag reagierte darauf – in Gegenwart der deutschen Außenministerin – ihr chinesischer Amtskollege Qin Gang kurz und trocken, Chinas Reaktion werde „streng und entschlossen" sein.

Die Talfahrt der deutschen Industrie wird sich also fortsetzen. Die FAZ bejubelte – pikanterweise auch am 9. Mai – die Ankündigung von Sekundärsanktionen: ihre Ablehnung sei ein „Tabu aus der untergehenden liberalen Epoche". Diese „liberale Epoche", die Epoche des freien Welthandels, hat Deutschland eine vorher nicht gekannte Prosperität gebracht, von der vor allem seine Reichen, aber auch seine nicht so reichen Menschen als Brosamenempfänger vom reich gedeckten Tisch weltweit erzielter Profite gezehrt haben. Diese Epoche geht nun nach dem Willen der Herrschenden zuende – es beginnt eine Epoche des Kampfes der Mächte des 19. Jahrhunderts (Westeuropa und USA) gegen die Mächte des 21. Jahrhunderts, die Staaten des BRICS-Verbundes, also Brasilien, Russland, Indien, China, (Süd-)Afrika und vieler sich zunehmend an ihnen orientierender Nationen.

Das Menetekel der einst so stolzen Chemieindustrie, das Menetekel Viessmann sowie der schon kaum noch abzuwendende Niedergang der deutschen Autoindustrie leuchten grell blinkend an der Wand. Die Augen fest geschlossen, werden sie von der herrschenden Klasse und dem ihnen dienenden Kriegskabinett geflissentlich ignoriert. Es ist Wille der herrschenden Politik, das Schicksal dieses Landes nicht an die aufstrebenden, sondern an die absteigenden Mächte zu knüpfen.

Gelegentlich taucht die Frage auf: Warum tut sich die deutsche Bourgeoisie diese völlige Unterordnung unter den USA an, lässt sich die Gashähne und damit den Wettbewerbsvorteile günstiger Energiequellen erst zudrehen und dann auch noch schweigend in die Luft jagen, lässt sich mit gehorsamer Hand am NATO-Helm alle Märkte zwischen dem Don und dem chinesischen Meer abschneiden und schubst sehenden Auges ein 80-Millionen-Volk über die geseifte Rutschbahn in die Massenverarmung hinunter? Hat sich die (west-) deutsche Bourgeoisie dafür erst in den Wirtschaftswunderjahren mühsam die ökonomische und dann nach 1989 die politische Freiheit von den Mächten erkämpft, die sie 1945 wie einen blutigen Fetzen in den Staub geworfen haben, nachdem der militärische Griff Großdeutschlands nach der Weltmacht so schändlich gescheitert war? Die Antwort ist so ähnlich wie vor 165 Jahren, als Friedrich Engels in einem Artikel zur Jahreswende 1858/59 die Feigheit der damaligen deutschen Bourgeoisie erklärte: „… opferte die Bourgeoisie, der der sichere Besitz ihres Kapitals von unermeßlich höherer Bedeutung als die direkte politische Macht war, diese Macht und alle Freiheiten, für die sie gekämpft hatte …"[166] Der Unterschied ist – nachdem sich die Welt ja weitergedreht und entwickelt hat – lediglich der: Damals lebte die deutsche und europäische Bourgeoisie in panischer Angst vor dem eigenen Proletariat. Heute lebt sie in panischer Angst vor der aus ihrer Sicht drohenden Vollendung des antikolonialen Befreiungskampfes. Sie wacht nachts aus dem Albtraum auf, China würde Seite an Seite mit den anderen BRICS-Staaten seine Jahrtausende alte Stellung als Reich der Mitte wieder einnehmen, und das auch deshalb, weil sie technologisch nicht mehr auf „Made in Germany" angewiesen ist, sondern weil die Deutschen selbst zunehmend bewundern auf „Made in China" schauen – sogar bei den Autos, deren Hupen dann den armen deutschen Vorstandsmanager schweißüberströmt aus seinen Alpträumen befreit. Die Gefahr der Verwirklichung der multipolaren Welt, von der rund um den Globus gegenwärtig geredet wird, treibt die deutsche und (west-)europäische Bourgeoisie unter den Schutzschirm des US-Imperialismus, so wie die Gefahr einer proletarischen Revolution ihre Urahnen einst unter den Schutzschirm des Adels und des Despotismus getrieben hatte.

---

166 Friedrich Engels, Europa im Jahre 1858, Marx Engels Werke (MEW), Band 12, Berlin 1961, S. 657f

Kapital 7

Das Zerbrechen der Sanktionsmaschine

Anmerkungen zum Charakter unserer Epoche

Um zumindest eine Ahnung davon zu bekommen, wie tiefgreifend, dramatisch und rasant sich gegenwärtig die Kräfteverhältnisse auf unserem Globus verschieben, muss Mann oder Frau noch nicht einmal zwingend Publikationen in der Tradition von Marx und Engels lesen. Wir können fast beliebig in den Stapel solcher selbsternannten Qualitätsmedien wie dem Londoner Economist oder der Frankfurter Allgemeinen Zeitung (FAZ) greifen. Wenn wir sie aufmerksam lesen, wissen wir auch Bescheid. Nehmen wir die bereits oben erwähnte FAZ vom 8. Dezember 2023. Seite 1 verkündet per Schlagzeile „Biden: Republikaner beschenken Putin". Berichtet wird dort über den Streit im US-amerikanischen Senat über weitere Milliardenhilfe für die militärisch gerade scheiternden ukrainischen Operationen gegen Russland. Nikolas Busse[167] kommentiert unter der Überschrift „Überdehnte USA" den Vorgang mit den Worten, er sei „ein Signal des Prioritätenwechsels und der strategischen Erschöpfung einer seit langem überdehnten Weltmacht. In Berlin glauben noch viele, dass Amerikas Beistand auf alle Ewigkeiten gesichert sei. Aber wir leben nicht mehr im Kalten Krieg. ... Auch in Deutschland müssen sich die Prioritäten ändern. Es will keiner hören, aber hier wird man bald zwischen Sozialstaat und Verteidigung wählen müssen."

Unter diesem Artikel lesen wir die Schlagzeile „EU hält China unfairen Wettbewerb vor", und wir werden verwiesen auf eine Reportage des FAZ-

---

167 Der Mann ist alles andere als eine Friedenstaube, geschweige denn ein Linker – er fordert in anderen Kommentaren regelmäßig die Öffnung der Diskussion um eine deutsche Atombewaffnung.

Reporter Jochen Stahnke aus Peking, der gemeinsam mit seinem Brüsseler Kollegen Thomas Gutschker über das Martyrium der Spitzen der EU, Ratspräsident Charles Michel und EU-Kommissionspräsidentin Ursula von der Leyen bei ihrem Besuch in der chinesischen Hauptstadt schreibt. Empfangen worden seien sie vom chinesischen Präsidenten Xi Jinping nicht wie bei Staatsbesuchen üblich in der „Großen Halle des Volkes", sondern im „Staatsgästehaus Diaoyutui", und Xi hätte für sie beim üblichen Foto noch nicht mal ein Lächeln übriggehabt. Wie sehr die Dinge ins Rutschen gekommen sind, macht nicht nur das Protokoll, sondern vielmehr eine Zahl deutlich, die in der Reportage erwähnt wird: „Da ist zum einen das gigantische Handelsdefizit, das sich in den vergangenen Jahren auf 400 Milliarden Euro verdoppelt hat." Statt sich selbstkritisch zu fragen, was dazu führt, dass die 450 Millionen Menschen im europäischen Westzipfel zunehmend chinesische Waren – viele davon High-Tech-Produkte wie Laptops oder E-Autos – kaufen, aber die in China angebotenen Produkte von Unternehmen des alten Kontinents bei den 1,4 Milliarden Menschen dort auf so wenig Gegenliebe stoßen, jammert die Erbin alter Kolonialherren: „,Die europäischen Anführer werden es politisch nicht tolerieren können, dass unsere Industriebasis durch unfairen Wettbewerb untergraben wird', sagte von der Leyen am Ende des Tages. Sie sei froh, dass wir darin übereinstimmen, dass Handel ausgewogen sein sollte'. … Europa verlangt von Peking, dass es staatliche Subventionen vermindert und vor allem seine Überkapazitäten abbaut." Diese Worte muss man sich auf der Zunge zergehen lassen: Die EU-Kommissionspräsidenten will, dass die Volksrepublik China ihre eigenen Fabriken verkleinert, damit die in Europa wieder wie vor 150, 100 oder 50 Jahren aufblühen und ihre Produkte in der ganzen Welt zu Geld machen können. Geträumt wird immer noch davon, dass China nicht von „europäischer Hochtechnologie … abgeschnitten werden wolle", obwohl die Lektüre der eigenen Zeitung die beiden FAZ-Journalisten davon überzeugen würde, dass die chinesische Hochtechnologie von E-Autos über Solarzellen bis hin zu Wärmepumpen sowie von der Weltraumtechnologie bis zu Windkrafträdern der europäischen Technologie inzwischen nicht mehr hinterherhinkt, sondern ihr um Jahre voraus ist – was die erwähnten 400 Milliarden Euro Handelsdefizit ja zum erheblichen Teil erklärt.

Wie sehr das einstige Zentrum des Imperialismus inzwischen mit dem Rücken an der Wand steht, macht auch das ängstliche, abwehrende Starren auf die ausgestreckte Hand des chinesischen Staatsoberhauptes deutlich. Der nämlich „warb für Kooperationen in ganz anderen Bereichen, die weit außerhalb der Brüsseler Vorstellungskraft liegen dürften. So wolle China zur Künstlichen Intelligenz mit der EU zusammenarbeiten, sagte Xi. Hier entgegnete von der Leyen, man sehe die Möglichkeiten, doch auch die ‚großen Risiken'. Das Thema dürfte auf ebenso große Skepsis der EU stoßen wie Xis Vorschlag, dass China sein strategisches Infrastrukturprojekt der Seidenstraße doch mit dem europäischen ‚Global Gateway'-Projekt verknüpfen könnte. Tatsächlich ist ‚Global Gateway' das europäische Gegenprogramm zur Seidenstraße, aus dem nun auch Italien als letztes großes EU-Land ausgestiegen ist."[168]

Bei so viel Unterlegenheit, protokollarischer Demütigung und angsterfüllter Defensive hilft nur noch drohendes Knurren von unten: Man habe „deutlich gemacht", wird Michel referiert, „wie wichtig es sei, dass China Russland nicht bei der Umgehung von Sanktionen helfe. Die EU habe eine Liste verdächtiger Unternehmen zusammengestellt – sie wurde der chinesischen Seite übergeben und soll etwa ein Dutzend Unternehmen enthalten. Es sei wichtig, ‚dass sie handeln, nachdem wir ihnen die Beweise vorgelegt haben', sagte von der Leyen. Andernfalls könnte die Europäische Union im zwölften Sanktionspaket gegen Russland erstmals auch Handelssperren gegen Unternehmen aus Festland-China verhängen."

Ob diese Brandfackel gegen China geworfen wird, von der jeder vernünftige Mensch weiß, dass sie wahrscheinlich zurückprallt und die eigene Hütte in Brand setzt, wird sich zeigen.

Der Hauptgrund für die Wirkungslosigkeit der westlichen Sanktionspolitik gegen Russland ist die Unfähigkeit, trotz aller Versuche das von den Staatsoberhäuptern Chinas und Russlands mehrfach als „strategische Partnerschaft" bezeichnete Bündnis zwischen den beiden Ländern aufzubrechen. Auch unterhalb des großen internationalen Parketts entwickelt sich diese Partnerschaft: Im Oktober 2023 berichtete Reuters von einer „regionalen Konferenz im Nordosten der Volksrepublik … in der Provinz Liaoning", an der rund 800 chinesische Unternehmen teilgenommen hätten, die auf dem russi-

---

168 Diese Formulierung ist auch so eine Perle des zunehmend üblichen Orwell'schen Neusprechs selbst seriöser Medien: „… als letztes ausgestiegen" intendiert, vorher wären mehrere eingestiegen. Das ist aber nicht der Fall. Und die Worte „großes Land" erschließt sich dem FAZ-Leser erst, wenn er auch einen anderen Artikel auf derselben Seite 2 liest, in dem berichtet wird, dass das EU-Land Ungarn weiter zu den 151 Ländern gehört, die bei dem Seidenstraßen-Projekt mitmachen.

schen Markt „Fuß fassen wollen".[169] Umgekehrt hätten sich allein von Januar bis September 40 russische Firmen in Liaoning niedergelassen.

Die abenteuerlichsten Kräfte innerhalb des herrschenden Blocks in den USA und der EU antworten auf diese gravierenden Verschiebungen mit dem Vorschlag, dann eben auch China vollumfänglich in die Sanktionspolitik einzubeziehen. In den Anfangskapiteln dieses Buches hatten wir gesehen, dass die Entstehung der modernen Sanktionspolitik eng mit der Debatte um die – aus der Sicht der Sanktionierenden – Legitimität der Neutralität verknüpft war. Wer als Wirtschaftsblock – damals das britische Empire – über einen anderen Wirtschaftsblock – damals Deutschland und Österreich-Ungarn – eine Blockade oder Sanktionen verhängt, muss auch dafür sorgen können, dass Dritte diese Blockade nicht ständig straflos durchbrechen. Primärsanktionen sind ohne Sekundärsanktionen wirkungslos. Neutralität ist ein Feind der Sanktionen.

Seit Mitte 2022 hat sich von Quartal zu Quartal der Trend der Isolation nicht Russlands, sondern des Wertewestens verstärkt. Das Sanktionsregime des alten Westens[170] kommt sichtbar an seine Grenze, und es zeigt sich, dass auch in der Politik die Erfahrung jedes Strandläufers gilt: Auch jede noch so bedrohlich sich auftürmende, riesig erscheinende Welle bricht irgendwann und versickert im Sand. Dieser Moment scheint nicht mehr so weit entfernt.

Der Preisdeckel gegen den wichtigsten russischen Devisenbringer Erdöl, hat sich als „Eigentor"[171] erwiesen. Deutschland flucht nicht nur gegenüber Indien, das seine Handelsbeziehungen zu Russland seit dem Februar 2022 nicht verringert, sondern sprunghaft ausgeweitet hat, sondern beschimpft auch Italien und die Türkei in noch aus ganz düsteren Zeiten bekannter

---

169 junge Welt, 24.10.2023; darunter waren auch möglicherweise die, die in die von Deutschland hinterlassenen Lücken stoßen; so berichtete die FAZ am 17.05.2023, dass in dem von VW auf Druck des deutschen Sanktionsregimes aufgegebenen Werkes in Kaluga, in dem 4000 Menschen arbeiten, „mit Chinesen gerechnet" werden würde, die dort für einen dreistelligen Millionenbetrag VW sein einst einträgliches Werk abkaufen würden. Fünf Tage später, am 23.05.2023, berichtet dieselbe Zeitung, dass auch bei anderen Auto- oder Autozubehörherstellern wie Mercedes, Renault oder Conti „chinesische Anbieter weitgehend die Lücken füllen" und sich „auf Produktionsstätten stützen, die Unternehmen aus dem Westen hinterlassen."

170 Im Schlepptau dabei immer Japan – und zwar im Schlepptau nach unten: Die japanische Wirtschaft, so berichtete die junge Welt am 16.11.2023, wird 2023 vermutlich schrumpfen, die Reallöhne fielen im September verglichen mit dem Vorjahr um 2,4 Prozent.

171 FAZ, 20.02.2023

Manier als „gemeine Sanktionsverräter"[172], da beide ihre Kupferimporte aus Russland über den eigenen Bedarf hinaus, also mit dem Ziel des Weiterverkaufs in andere Länder, gesteigert hätten und so die Sanktionspolitik gegen Putins Reich unterlaufen würden. Der niederländische Schiffsbauer Damen Shipyards entschloss sich sogar – in völliger Verkennung seiner nationalen Pflichten – zu einer Klage gegenüber dem niederländischen Staat, weil ihm durch die EU-Sanktionspolitik Millionengewinne aus Geschäften entgangen seien, die er vor dem 24. Februar 2022 mit russischen Firmen vereinbart hatte.[173] Der Kampf um die Aufrechterhaltung des Sanktionsregimes nimmt zum Teil verzweifelte, zum Teil groteske Züge an. Im September 2023 reiste eine hochrangige Delegation aus den USA, Großbritannien und der EU in die Vereinigten Arabischen Emirate mit dem erklärten Ziel, diese aufzufordern, die „gegen Russland verhängten Strafmaßnahmen einzuhalten."[174] In einem bezeichnenden Bild sitzt eine eifernde EU-Kommissionspräsidentin einem ironisch-aufmerksam lächelnden Mohamed bin Zayed gegenüber, an dem nach nicht nur ausweislich dieses Fotos, sondern auch ausweislich der sich an den Besuch anschließenden Erklärungen und Handlungen alle diese Aufforderungen abperlen – wie eben auch der vermutlich viel freundlichere Besuch von Wladimir Putin in Abu Dhabi im Dezember desselben Jahres beweist. Der Sanktionswesten ist von Schlupflöchern umzingelt – selbst innerhalb der eigenen Grenzen. Nicht nur Italien und Ungarn tanzen, wann immer sie können, aus der Reihe. Auch die Schweiz spielt den Blockadebrecher, wie die FAZ am 9. September 2023 auf einer ganzen Zeitungsseite unter dem Titel „Ein Grüezi für die Oligarchen" über den Kanton Zug berichtet, der frustriert so endet: „Der Rundgang zu russischen Firmen in Zug wird noch weiter fortgesetzt, doch Josef Lang fasst ein Fazit. Es sei ein Ablenkungsmanöver, die Debatte über die Schweizer Neutralität an der Frage von Waffen- und Munitionslieferungen aufzuhängen. Denn wichtiger sei die Rolle der Schweiz als ‚Zentrum des ökonomischen Putinismus'. Durch den Handel mit russischen Rohstoffen flössen Milliarden über das Land und speziell über den Kanton Zug, die letztlich Putins Kriegskasse füllen."

172 junge Welt, 04.10. 2023
173 junge Welt, 05.10. 2023
174 junge Welt, 9. / 10.09.2023

Auch der Norden will nicht so wie Berlin und Brüssel wollen. „Finnische Hilfe für Russland" jammert die FAZ am 27. November 2023 und stellt fest: „Lastwagen sind entscheidend für Russland. Ersatzteile liefert ausgerechnet eine finnische Firma." Bei so viel Sanktions- und Blockadebrechern im eigenen Lager hilft nur noch rohe Gewalt: „Gefängnisstrafen für Umgehung von Sanktionen" werden mitten in der Adventzeit 2023 denjenigen angedroht, die Sanktionen umgehen: „Die EU-Staaten und das Europäische Parlament haben sich auf verbindliche Mindeststrafen für den neuen Tatbestand der Sanktionsumgehung geeinigt. Demnach müssen, je nach Schwere der Tat, Gefängnisstrafen zwischen einem und fünf Jahren verhängt werden; die Strafen können auch darüber hinausgehen. Strafbar ist es etwa, Personen bei der Umgehung einer Einreisesperre zu helfen, mit sanktionierten Gütern oder Unternehmen zu handeln oder den Besitz von Vermögen sanktionierter Personen zu verschleiern. Die Mitgliedsstaaten müssen Maßnahmen vorsehen, um Einkünfte einzufrieren und abzuschöpfen, die aus der Umgebung von Sanktionen stammen."[175] Die gegen Russland gerichtete Sanktionsmaschine wird sich mithin auch gegen die Unternehmer und Bürger der EU selbst richten.

Es klingt wie eine Tautologie, ist es aber nicht: Sanktionen kann nur verhängen, wer sanktionsfähig ist. Sie gehen auf das lateinische Wort „sancire" zurück – festsetzen, verbieten. Wer keine Kraft hat, etwas zu verbieten, es aber dann trotzdem versucht, wird nicht stärker, sondern schwächer. Sanktionen, die nicht durchgesetzt werden können, unterspülen die Position des Sanktionierenden so wie Wasser eine Festung unterspült, egal wie drohend sie in der Landschaft steht.

Die vom Westen verhängten Sanktionen beschleunigen dessen Niedergang statt ihn zu bremsen. Das Wasser, das seine Festungen unterspült, gluckst zumindest an zwei Stellen zunehmend an die Oberfläche.

G7, BRICS, G 77

Zum einen unterspült es zunehmend eine seiner wichtigsten Institutionen, mit denen sie ihre Weltordnung dominieren. Die „G7", bis in die 1990er Jah-

175 FAZ, 14.12.2023

re das Zentrum weltpolitisch wirksamer Entscheidungen, verliert rasant an Durchsetzungskraft. Am 20. Mai 2023 veröffentlichte der Economist eine Grafik, die das schlagend deutlich macht: 1992 wurden in den G7-Staaten noch fast 50 Prozent des weltweiten Bruttoinlandsprodukts, gerechnet nach Kaufkraftparität, hergestellt. Inzwischen sind es nur noch 30 Prozent mit weiter abnehmender Tendenz. Die BRICS-Staaten, die 1992 noch unter 20 Prozent des Bruttoinlandprodukts erwirtschafteten, haben inzwischen die G7 überholt, liegen bei knapp über 30 Prozent und von diesem Jahr an, so prognostiziert das Londoner Blatt, werde sich die Schere zugunsten der um China und Russland und zuungunsten der um die USA und EU herum gruppierten Staatengruppe öffnen. Noch zugespitzter formulierte es am 22. Mai 2023 Julia Löhr von der FAZ in ihrer Kommentierung des G7-Gipfels in Hiroshima, in der sie die Frage stellte, „wie zeitgemäß die Institution des G7-Gipfels noch ist. Als sich die Gruppe 1975 gründete, stand sie noch für rund 60 Prozent der weltweiten Wirtschaftsleistung. Nun sind es noch 31 Prozent, Tendenz sinkend. Von den ‚führenden Industrienationen‘ kann nur noch die Rede sein, wenn man die Zusätze ‚westlich‘ und ‚demokratisch‘ hinzufügt. Es mag weiter der Anspruch der G7 sein, die Weltordnung zu prägen. Erfüllen können sie ihn immer weniger." Die größte Freihandelszone, fügt sie hinzu, seien heutzutage weder die EU noch die NAFTA[176], sondern die fünfzehn in der RCEP[177] zusammengeschlossenen Länder der Asien-Pazifik-Region – und da seien sowohl die USA als auch die EU außen vor.

Auch aus Regionen, die früher einmal als Hinterhof der USA galten und noch früher Kolonien Spaniens, Großbritanniens und Portugals waren, also aus Südamerika, häufen sich die in Washington und Brüssel eingehenden schlechten Meldungen[178], insbesondere angesichts des drohenden Scheiterns des jahrelang verhandelten EU-Mercosur-Handelsabkommen und der zunehmenden Hinwendung der Mercosur-Länder nach China.[179]

Es verbessert die Lage der von Washington dirigierten G7-Staaten nicht, dass sich parallel zum BRICS-Bündnis eine weitere Gruppierung gebildet hat, die sich – wohl nicht ohne Absicht das G7-Kürzel aufgreifend – als „G 77"

---

176 North American Free-Trade Area
177 Regional Comprehensive Economic Partnership
178 Diesen Generaltrend wird auch die Wahl eines rechtsnationalen Regierungschefs in Argentinien dauerhaft nicht umkehren.
179 junge Welt, 9. / 10.12.2023

im September in Havanna getroffen hat. Ihr gehören mittlerweile 134 Staaten und damit zwei Drittel aller UN-Mitglieder an – und das ohne China, das eng mit der G 77 kooperiert. Zusammen mit China leben in diesen G 77-Staaten 80 Prozent der Weltbevölkerung. Kein einziges der G7-Staaten gehört der Gruppierung an, aber mit den BRICS-Ländern ist sie institutionell und über eine Fülle bilateraler Gesprächsebenen und Vereinbarungen verknüpft. Auf diesen Treffen spielte die übereinstimmende Ablehnung der westlichen Sanktionspolitik eine solch überragende Rolle, dass das Leiden unter der westlichen Sanktionsmaschine in gewisser Weise als das einigende Band dieser überwältigenden Mehrheit auf unserem Globus betrachtet werden kann. Die zunehmende Koordination dieser Länder wird über kurz oder lang auch bis in UNO-Gremien und –Vollversammlungen durchschlagen. Zerrieben werden dabei andere, im Nachhinein eher hilflose Versuche des alten Zentrums, zu retten, was zu retten ist, indem beispielsweise die G-20-Gruppe die Führung der USA und EU zwar aufrechterhalten, ihr aber mehr globalen Resonanzboden verschaffen müsste. Sie sei inzwischen, kommentierte Nikolas Busse am 9. September in der FAZ, ein „Opfer der Multipolarität" geworden, und er resümierte angesichts des kläglichen Resultats der letzten Zusammenkunft in Neu Delhi, „dass der Westen bei vielen Themen international in der Defensive ist. Gerade in Berlin ist das noch nicht bei allen angekommen. Es wird die Spielräume der deutschen Außenpolitik aber weiter beschneiden."

Die sich im Lager der (noch) herrschenden Sanktionsmächte abzeichnende Defensivstrategie wird mit einem Problem konfrontiert werden, das ihre Festung noch stärker unterspülen wird als die Bildung solcher Bündnisse wie BRICS oder G 77. Auf dem bereits erwähnten Gipfel dieser Gruppe in Havanna standen neben den Sanktionen das internationale Finanzsystem und mögliche Alternativen im Mittelpunkt der Beratungen. Das Missverhältnis zwischen den G7 und den BRICS bzw. den G 77 verdeutlichte Jörg Kronauer am 18. September in der jungen Welt so: „In den Bretton-Woods-Institutionen spielen sie keine Rolle: Eine kleine Staatengruppe, die G7, hat sich allein 41,25 Prozent der Stimmen im IWF gesichert und durchgesetzt, dass die Präsidenten von Weltbank und IWF nie aus einem G 77-Land kommen." Sowohl von den G 77 als auch von der BRICS-Gruppe wird daher zunehmend eine Alternative zur Herrschaft des Dollars ins Auge gefasst. Diese Suche hat sich durch die Sanktionspolitik seit Anfang 2022 erheblich beschleunigt, in deren Gefolge Milliardenguthaben beispielsweise der russischen Staatsbank beschlagnahmt

und sowohl dieses als auch andere Länder aus dem vom Dollar beherrsch-
ten internationalen Zahlungssystem SWIFT ausgeschlossen wurden. Diese
damals noch als finanzpolitische „Nuklearwaffe" gepriesene Maßnahme hat
nicht wirklich gezündet – sie hat lediglich den Aufbau alternativer internationaler Zahlungssysteme und die stärkere Etablierung direkter Verrechnungen
der russischen mit der indischen oder chinesischen Währung anstelle der früher üblichen Dollar-Verrechnung beschleunigt. Nach wie vor werden zwar
58 Prozent aller Währungsreserven in US-Dollar gehalten und weit über 80
Prozent aller Finanztransaktionen in Dollar abgewickelt[180] – aber beide Werte
sinken. „Die Dominanz des Dollars" sei zwar noch nicht in Gefahr, stellte
am 29. April der Economist fest, aber es würden zunehmend die Grenzen
dieser Dominanz sichtbar werden. Einer der Gründe, warum die USA von
Sekundärsanktionen – also Verhängung von Sanktionen gegen Indien oder
China, die die Sanktionen gegen Russland unterlaufen – abgesehen haben,
sei der warnende Hinweis des US-amerikanischen Fed gewesen, das würde
die weltweite Abkehr vom Dollar als Leitwährung beschleunigen und damit
das gesamte US-amerikanische Finanzsystem untergraben. Janet Yellen, US-
Finanzministerin, wird mit den Worten zitiert, dass „auf Dauer Sanktionen
die Vorherrschaft der Währung unterminieren könnten".

Im Übrigen ist im Windschatten dieser tektonischen Verschiebungen völlig unbeachtet von den herrschenden Medien dieser Welt eine andere Seifen-
blase still und leise geplatzt: der Traum vom Euro als ebenbürtiger weltweiter
Leitwährung neben und irgendwann vielleicht sogar vor dem Dollar. Bei seiner Gründung vor gut 20 Jahren waren die deutschen Taufpaten noch voll solcher Zukunftshoffnungen. Sie sind inzwischen Asche. Wenn überhaupt von
einer Alternative zum Dollar gesprochen wird, dann wird – nach einer langen
Phase vor allem direkter Bezahlungen in den Landeswährungen der handelnden Länder – an Renminbi oder einer von den BRICS-Staaten organisierten
gemeinsamen Verrechnungseinheit gedacht und nicht an den zunehmend ins
Abseits driftenden Euro.

Fast kein Artikel und keine Rede zum sich immer deutlicher abzeichnenden Scheitern der westlichen Sanktionspolitik kommt aus ohne einen Hinweis
auf China als dem Land, gegen dessen Wirken ein solches Sanktionsregime

nun einmal nicht durchgesetzt werden könne. Bevor wir uns einer Verallge-
meinerung der diesem Scheitern zugrunde liegenden globalen Trends zuwen-
den, sei ein Hinweis auf Kausalitäten gestattet: Wer glaubt, China sei das entscheidende Kettenglied, ohne das Russland zusammenbrechen würde, und es
müsse nur gelingen, China auf die Seite des Westens zu ziehen, um Moskau in
die Knie zu zwingen, verwechselt Ursache und Wirkung. Nicht Chinas Stärke
macht den Welttrend, sondern seine Stärke resultiert aus der Tatsache, dass
das Land mit dem Wind segelt, der den Globus prägt.

Das Spannungsfeld, zwischen denen die Sanktionspolitik des Wertewestens und besonders ausgeprägt die Deutschlands und der von ihr geprägten
EU, seit Monaten hin- und herschwankt, ist durch Schlagzeilen der FAZ be-
schreibbar: Am 14. November 2023 titelte das Blatt auf S. 1: „Vor allem China
umgeht EU-Sanktionen" und 7 Monate zuvor: „Ohne China geht es nicht."
Und der oben bereits wiedergegebene Kommentar von Julia Löhr zum Be-
deutungsverlust der G7-Staaten trägt die Überschrift „An China führt kein
Weg vorbei".

China dominiert inzwischen weltweit nicht nur den Automobilmarkt,
sondern auch den Bereich, der das Kernstück der offiziellen deutschen Politik
bildet, die ökologische Wende, denn, so die FAZ am 14. April 2023, „viele der
für die Transformation nötigen Produkte und Rohstoffe kommen aus China.
,China dominiert den Markt für Photovoltaik', sagt Alexander Sandkampf,
Außenhandelsexperte am Kieler Institut für Weltwirtschaft (IfW). ,Wenn die
Einfuhren von dort versiegen würden, dann würde die Energiewende hier
erst mal nicht weitergehen.' Höhere Produktionskapazitäten in Deutschland
allein können dieses Problem nicht lösen, denn auch der Rohstoff Silizium
komme zu zwei Dritteln aus China. ,Ähnlich sieht es bei den seltenen Erden aus. Falls wir die nicht mehr bekämen, könnten wir keine Windräder
mehr bauen. Null.' ... 87 Prozent der im vergangenen Jahr nach Deutschland
importierten Photovoltaikanlagen kamen nach Angaben des Statistischen
Bundesamtes aus China. ... Das für Batterien ... benötigte Magnesium bezog
Deutschland ... zuletzt zu 50 Prozent aus China." Seiten ließen sich füllen mit
ähnlichen Daten – aber jeder kann ja auch selbst zu Aldi oder zu einem Elek-
trowarenmarkt gehen und versuchen, dort irgendeinen technischen Gegenstand oder ein Spielzeug zu kaufen, auf dem nicht „Made in China" steht. In
dem bereits oben erwähnten FAZ-Kommentar vom 9. Mai 2023 frohlockte Nikolas Busse, „Das nächste Tabu fällt", und verkündete, die EU-Kommission

schlage „neue Sanktionen gegen eine Reihe von Firmen aus Drittstaaten vor, die im Verdacht stehen, Russlands Krieg in der Ukraine zu unterstützen. Mit solchen sogenannten Sekundärsanktionen arbeiteten bisher vor allem die Vereinigten Staaten. Soweit sie europäische Firmen betrafen, betrachtete die EU sie sogar als völkerrechtswidrig. Putin erzwingt nun auch hier eine realpolitische Neuausrichtung. Ein Land sticht auf der Brüsseler Liste hervor: China … Auch die deutsche Industrie sollte nicht darauf setzen, dass die EU in jedem Fall den Geschäften den Vorzug gibt." Bisher haben die feuchten Finger der europäischen Regierungen diese davon abgehalten, den Scharfmachern wie Herrn Busse zu folgen. Zwar hatte die EU auch schon vor 2022 gegen China immer mal wieder mit dem Sanktionsbesen gewedelt, etwa wegen angeblicher Menschenrechtsverstöße in Yinjiang. Aber die Sanktionswelle, die gegen Russland in Gang gesetzt wurde, auch gegen Peking loszutreten, wagt sich zurzeit weder jemand in Washington noch in Berlin oder Brüssel. Das liegt nicht nur an der sonst gefährdeten Rohstoffversorgung, sondern zunehmend an der Abhängigkeit von High-Tech-Produkten aus China und der sich langsam auch in deutsche Gehirne einsickernden Einsicht, dass die chinesischen Unternehmen – ob staatlich oder privat – nicht nur billiger, sondern immer häufiger auch besser produzieren. Das ist auch kein Wunder – allein in Shanghai leben und arbeiten mehr Ingenieure als in der ganzen Bundesrepublik Deutschland.

Die EU wird nicht in der Lage sein, eine Aufgabe zu bewältigen, an der schon der große Bruder jenseits des großen Wassers gescheitert ist. Da werden weder Sanktionslisten noch Strafzölle wie jetzt bei Elektroautos helfen. Am 12. August 2023 veröffentlichte der Economist eine umfassende Untersuchung über die Lieferströme zwischen den beiden größten Volkswirtschaften der Welt. Der direkte Handel sei zwar, wie von US-Präsident Joe Biden lauthals verkündet, drastisch zurückgegangen – unter anderem wegen der schon von seinem Vorgänger erhobenen Zölle gegen chinesische Produkte. Das Ergebnis, so die Londoner Ökonomen, sei aber „teuer und gefährlich". Parallel zum Rückgang der Importe aus China seien die aus anderen asiatischen Ländern und auch aus Ländern in Osteuropa oder Mittel- und Lateinamerika gestiegen – wobei gleichzeitig deren Importe aus China anstiegen. Chinas Exporte von Fahrzeugteilen nach Mexiko hätten sich in den letzten fünf Jahren mehr als verdoppelt und entsprechende Zahlen aus Indien, Vietnam und anderen Ländern seien teilweise regelrecht „explodiert". „Was ist da los?" fragt das Blatt und gibt gleich die Antwort: „Chinesische Waren werden einfach neu verpackt und über ein Drittland in die USA exportiert."

Weil die Strafzölle gegen China keine Geltung gegenüber Indien und andere Länder haben, die gegen China hofiert werden, bekommen die dortigen Unternehmer faktisch eine Extra-Gewinnmarge aus Washington geliefert: Bei einem zwanzigprozentigen Zoll können sie auf chinesische Waren zehn Prozent draufschlagen und in die USA importieren. So haben sowohl die chinesischen Unternehmen als auch die indischen etwas davon, wenn die US-Amerikaner für chinesische Waren nun mehr zahlen. Das Ergebnis ist, „dass die ökomischen Beziehungen zwischen China und anderen in die USA exportierenden Ländern gestärkt werden."

Die EU wird, wenn sie ihre Drohung mit Strafzöllen wahr werden lässt, vermutlich demnächst eine ähnliche Erfahrung machen. Der Renault R5 fährt mit einer chinesischen Batterie, die dann auf eine neue Verpackung wartet.

Besonnenere Kräfte im Westen realisieren darüber hinaus, dass sich auch auf dem Feld der Wissenschaft die Windrichtung zu ändern beginnt. Am 14. Oktober 2023 warnte der Economist die Regierung der USA davor, das 1979 abgeschlossene „Science and Technology Agreement" zu zerstören, auf deren Basis eine Reihe von gemeinsamen US-amerikanischen und chinesischen Forschungsprojekten operieren. Es wäre ein „Fehler", führt das Blatt aus, „zu denken, die Vorteile der Kooperation wären eine Einbahnstraße. Chinesische Wissenschaftler sind in einigen Felder denen Amerikas nicht nur ebenbürtig, sondern sogar überlegen wie bei Batterien, Telekommunikation und Nanowissenschaften. Und weil Chinas Forschungslandschaft nach außen viel verschlossener ist als die Amerikas, könnte Uncle Sam mehr davon haben, über den Zaun zu schauen als die Chinesen." Was für die USA gilt, gilt umso mehr für die EU und seine größte Volkswirtschaft. Wer sich 2024 noch an die in der Adventszeit über Deutschland hereinbrechende erneute PISA-Bestätigung über den Niedergang des deutschen Schulwesens erinnert, wird ahnen, dass sich der Abstand zwischen dem, was chinesische Ingenieure in den nächsten Jahrzehnten entwickeln werden, zu dem, was ihre deutschen Kollegen in die Welt bringen, nicht verringern, sondern vergrößern wird.

Deshalb wird es, wenn es noch einen Rest Vernunft in der Politik der USA und EU gibt, gegenüber China bei eher symbolischen Sanktionen bleiben, die eher auf das heimische Publikum als darauf zielen, die schmerzliche Erfahrung mit den russischen Sanktionen in einem noch größeren Maßstab zu wiederholen.

Angesichts der Verschiebungen in den Handelsströmen der Welt im Gefolge der westlichen Sanktions- und Abschottungspolitik wird zuweilen (auch in linken Kreisen) die Frage aufgeworfen, ob das nicht das Auslaufen des Zeitalters der Globalisierung sei. Einige Zahlen könnten das nahelegen. Während beispielsweise der mit Milliarden Euro Steuergeldern aufgebaute Tiefseewasserhafen in Wilhelmshaven 2022 bei 683.000 TEU[181] lag und Hamburg es mit einiger Mühe auf über 8 Millionen TEU brachte, werden im gegenwärtig weltgrößten Hafen der Welt, Shanghai, gut 30 Millionen TEU jährlich umgeschlagen. Vietnam baut an einem Hafen für 15 Millionen TEU und Singapur sogar an einem für bis zu 65 Millionen TEU. In Asien, resümiert die FAZ am 1. November in ihrer Serie „Das Ende der Globalisierung?", sei die „Globalisierung quicklebendig", die Container allerdings verblieben „immer häufiger in der Region". Verschiebungen bei den Richtungen und Stärken der Handelsströme seien eben kein Beleg für eine Deglobalisierung. Auch der Economist sah am 18. Februar 2023 Anzeichen für eine eher langfristige Vertiefung und nicht für Verflachung ökonomischer Integration zwischen den verschiedenen Teilen der Welt. Trotz aller Schwierigkeiten des Jahres 2022 läge der Handel hinsichtlich seines Anteils an der weltweiten Wirtschaftsleistung heute kaum unter seinem im Jahr 2008 erreichten Höhepunkt. Eine „Fragmentierung der Weltökonomie" als Folge der Sanktionen gegen Russland, wie sie etwa auf linker Seite Jörg Goldberg am 5. Juli 2022 und am 26. Juli jeweils in der jungen Welt annahm, zeichnet sich zur Zeit nicht ab. Trotz aller Hemmnisse setzt sich der grundlegende Trend zur Arbeitsteilung, der seit der kapitalistisch vorangetriebenen Industrialisierung einen ungebrochenen Aufschwung genommen hat, fort. Er lässt sich nach allen historischen Erfahrungen nur durch offene Kriege zwischen den großen Nationen dieses Planeten vorübergehend unterbrechen. Er ist, wie chinesische Gesprächspartner mit Verweis auf Marx gelegentlich sagen, ein ökonomisches Naturgesetz.

Daher setzt auch die gesamte chinesische Politik nicht etwa auf eine Art Konter-Regionalisierung der eigenen Volkswirtschaft, nicht auf eine Abschottung oder eine Begrenzung des Handels auf Gleichgesinnte, wie es im Westen zuweilen diskutiert wird. Die Politik dieses Landes setzt nach Wort und Tat auf eine Vertiefung der Globalisierung. Jeder, der mag und einen Laptop samt Rou-

---

181 Einheit für einen Standardcontainer von 20 Fuß Länge mit bis zu 22 Tonnen Fracht

ter besitzt, kann sich per Internet den „Newsletter der chinesischen Botschaft in Deutschland" abonnieren. In der Ausgabe 8/2023 heißt es dort unter der Überschrift „China veröffentlicht Weißbuch zur globalen Schicksalsgemeinschaft" in einem kurzen Statement: „2013 hat Chinas Staatspräsident Xi Jinping seine Vision für eine bessere Welt vorgestellt, einen Entwurf zum Aufbau einer globalen Schicksalsgemeinschaft. Jetzt, 10 Jahre später, hat China ein Weißbuch veröffentlicht, in dem diese Idee mit ihren historischen Dimensionen und ihrer richtungsweisenden Funktion für die Welt erklärt wird. Seit seiner ersten Vorstellung hat das Konzept bei der internationalen Gemeinschaft vermehrt Zustimmung erhalten, wurde in 6 aufeinanderfolgenden Jahren in die Resolutionen der UN-Generalversammlung aufgenommen und in mehrere Resolutionen und Erklärungen multilateraler Mechanismen integriert. Es dient dazu, eine bessere globale Zusammenarbeit zu schaffen. Wörtlich heißt es in dem Weißbuch: ‚Der Aufbau einer globalen Schicksalsgemeinschaft ist der Weg in die Zukunft für alle Völker der Welt. Der Aufbau einer globalen Gemeinschaft mit gemeinsamer Zukunft hängt von den gemeinsamen Aktionen aller Länder ab.'"

Deshalb ist der zu Beginn dieses Kapitels referierte Vorschlag Xi Jinpings, das „Global Gateway"-Projekt der EU doch mit dem seit einem Jahrzehnt und rund einer Billion Dollar an investierten Mitteln auf Hochtouren laufenden Projekt „Seidenstraße" bzw. der, wie es in den entsprechenden Verlautbarungen aus China heißt, „Belt and Road Initiative", nicht als taktische Schlitzohrigkeit gemeint. Sie liegt in der Logik der festen Überzeugung, dass die Menschheit allen Hindernissen zum Trotz zu einer solidarischen Welt(schicksals)gemeinschaft zusammenwachsen wird.

Wenn und weil das richtig ist, liegt es völlig auf der Hand, dass in einer solchen Welt Sanktionen einzelner Mächte oder Machtblöcke gegen andere keinen Platz haben. Damit nähern wir uns dem letzten und tiefsten Grund an, warum das Zeitalter der Sanktionen sich nach einem bizarren Jahrhundert und Millionen von Opfern seinem Ende zuneigt.

Am Epochenübergang

Aus marxistischer Sicht befinden wir uns in der Epoche des Übergangs vom Kapitalismus zum Kommunismus – die sich nicht nur über einige Jahrzehnte, sondern über einige Jahrhunderte hinzieht –, und damit in der Epoche der

Überwindung der mit der Sklavenhaltergesellschaft entstandenen Klassengesellschaft. Wir befinden uns also in der Epoche des Abschlusses der menschlichen Vorgeschichte. Dieser Übergang bedarf mehrerer Anläufe auf unterschiedlichen Kontinenten.

Das Lied „Die Internationale", entstanden 1871 nach der blutigen Niederschlagung der Pariser Kommune, das weltweit als Abschluss kommunistischer Parteitage und auch bei Gewerkschaftstagen gesungen wird, beinhaltet den Aufruf zum "letzten Gefecht". Kommunistinnen und Kommunisten singen diese Zeile heute in dem Bewusstsein, dass dieses „letzte Gefecht" aus einer ganzen Serie von Gefechten rund um den Globus besteht, die alle ein gemeinsames Ziel, aber ganz unterschiedliche Charaktere haben. Sie enden mal mit Siegen wie 1917 oder 1949 oder 1975, mal in Niederlagen wie 1871, 1933 oder 1989. Seit den Tagen der Kommune ist der wissenschaftliche Sozialismus nicht mehr nur Gegenstand theoretischer Debatten, sondern praktische Politik. Der Siegeszug dieser Ideen und ihrer Praxis beinhaltet wie jede große geschichtliche Bewegung nicht nur Triumphe, sondern auch tragische Niederlagen. Aber unter dem Banner dieser Idee versammelten sich im Paris des Jahres 1871 rund 1,8 Millionen Menschen. Wenige Jahrzehnte später waren es in Russland 180 Millionen Menschen, und trotz des Rückschlags von 1989 sind es heute über 1,5 Milliarden Menschen, die durch ihr alltägliches Leben an der Errichtung der neuen Gesellschaft arbeiten. Der Anlauf von Paris währte 72 Tage, der nach den Schüssen der Aurora in St. Petersburg 72 Jahre, der in China währt nun schon bald 75 Jahre.

Es gab und gibt in der menschlichen Geschichte viele politische Bewegungen, die in mehreren Ländern Fuß fassen. Es gab und gibt aber nur eine einzige Bewegung, die in allen Ländern der Erde eine politisch aktive Partei hervorgebracht hat – manchmal illegal, meistens legal, manchmal sogar an der Macht. Die in diesen Parteien zusammengeschlossenen Menschen sind diejenigen, die weltweit den komplizierten und langwierigen Prozess des Epochenübergangs von der Klassen- zur klassenlosen Gesellschaft an führender Stelle organisieren. Die nächsten Schritte zur weiteren Entfaltung des weltweiten Übergangs vom Kapitalismus zum Kommunismus sind zwingend an die Schaffung entsprechender internationaler Voraussetzungen gebunden.

Der 2018 verstorbene marxistische Philosoph und Historiker Domenico Losurdo veröffentlichte 2017 sein Werk „Il marxismo occidentale – come nacque, come morì, come può rinascere". Dort geißelt er die Arroganz des

westlichen Marxismus. Er beleuchtete dessen Unfähigkeit, revolutionäre Bewegungen in den kapitalistischen Hochburgen zum Sieg zu führen, die in
grellem Kontrast steht zu den mit „messianischen Erwartungen"[182] aufgeladenen Belehrungen gegenüber sozialistischen Bewegungen jenseits dieser
Hochburgen. Kern seines Niedergangs sei „die Unfähigkeit des westlichen
Marxismus, sich mit der antikolonialen Revolution zu vereinigen."[183]

Der gegen die Sowjetunion oder gegen Chile und Vietnam in den 1970er
Jahren deutlich gewordene unbedingte Wille vor allem der USA, alle sozialistischen Ansätze notfalls blutig zu ersticken, wird heute in dem Furor deutlich,
mit dem die USA gegen die sich um China gruppierenden BRICS-Staaten wüten. Aber das Lager der nach Sozialismus strebenden Staaten ist heute nach Bevölkerungszahl und Wirtschaftskraft nicht schwächer, sondern verglichen mit
den USA und ihren Verbündeten stärker als es zwischen 1949 und 1989 war. In
Auswertung der Ereignisse von 1989 hat die regierende Partei der Volksrepublik
China verinnerlicht, dass der Sozialismus auf Dauer nur siegen kann, wenn er
in der Produktivkraftentwicklung die kapitalistischen Staaten hinter sich lässt.

Generationen von Linken im Westen haben die russische Oktoberrevolution 1917 vor allem als Sieg der sozialistischen Idee gefeiert. Das war sie
auch. Sie war aber vor allem der Startschuss für den Zerfall der alten Kolonialreiche. Unter Würdigung der Ereignisse von 1989 lässt sich in der geschichtlichen Nachbetrachtung sagen: Die Bedeutung des Roten Oktober als
Beginn des antikolonialen Befreiungskampfes steht mindestens gleichberechtigt neben seiner Bedeutung als Startschuss für die Entwicklung des realen
Sozialismus und wirkt für den weltweiten Prozess des Epochenwandels über
das Jahr 1989 noch stärker hinaus.

Mit den Erfahrungen von 1989 im Rücken ist heute klar: Ohne die Vollendung des antikolonialen Befreiungskampfes, ohne das Brechen der weltweiten Dominanz des USA/NATO/EU-Blocks wird es keine weltweite Entfaltung einer sozialistischen Perspektive geben. Andersherum ist mit der
Herausbildung einer neuen Weltordnung ohne USA-Dominanz und damit
auch ohne Sanktionen die Perspektive einer weltweiten Entwicklung zum
Sozialismus eingeschlossen.

---

182 Domenico Losurdo, Der westliche Marxismus. Wie er entstand, verschied und auferstehen könnte, Köln 2021, S. 225
183 ebenda, S. 227

Der dänische Marxist Torkil Lauesen antworte am 2./3. Dezember 2023 in der jungen Welt (Wochenendbeilage) auf die Frage, wie denn angesichts der Entwicklungen in der Welt ein „Widerstand in den imperialistischen Ländern konkret aussehen" könne, so: „Wir dürfen im Kampf für den Frieden nicht sektiererisch sein, sondern müssen möglichst breite Allianzen bilden und die sozialistischen Bewegungen im globalen Süden so gut wie wir können unterstützen. Wir müssen versuchen, den gemeinsamen Arbeitskampf zwischen Nord und Süd zu fördern, über die Produktionsketten hinweg und dann den Kampf für den Sozialismus im Süden unterstützen. … Im globalen Norden herrscht seit Jahrzehnten Pessimismus in Bezug auf eine umfassende Transformation zum Sozialismus. Wir werden dabei nämlich nicht an vorderster Front stehen, die treibende Kraft wird der globale Süden sein, aber ich denke, insgesamt bewegt sich die Welt in die richtige Richtung. Die objektiven Bedingungen für grundlegende Veränderungen sind aktuell günstig, weil sich das System in einer strukturellen Krise befindet, also instabil ist. … Der Kapitalismus ist nicht mehr fortschrittlich in Bezug auf die Entwicklung der Produktivkräfte – er ist zerstörerisch und verhindert den Fortschritt der Menschheit. Die Erosion des neoliberalen Weltmarktes und alternative politische und finanzielle Institutionen ohne den Dollar als Welthandelswährung können das Gleichgewicht verändern."

Diese Veränderung des Gleichgewichts ist in vollem Gange. Sie hat sich seit 2022 beschleunigt, wird auch die letzten Jahre des ersten Quartals des 21. Jahrhunderts prägen, und an der Dynamik dieser Veränderungen wird die Sanktionsmaschine des Westens zerbrechen.

Nachwort: Sanktionsmaschinen und Kriegsmaschinen

Die vorangegangenen Kapitel zu diesem Buch wurden zu Weihnachten 2023 abgeschlossen. Aus verlagstechnischen Gründen erscheint es rund neun Monate später. Grundlegende Korrekturen an den Kapiteln sind – leider – nicht notwendig. Die aufgezeigten Trends haben sich durch die vergangenen Monate bis zu Ostern 2024, an dem dieses Nachwort geschrieben wurde, bestätigt. Politisch, militärisch und vor allem ökonomisch ist der USA / NATO / Japan-Block seitdem weiterhin nicht stärker, sondern verglichen etwa mit China, Russland oder der BRICSplus-Gemeinschaft weiter schwächer geworden. Die Kern-Vergleichsdaten führt der britische Economist in seiner wöchentlichen tabellarischen Übersicht am 23. März 2024 so auf: Wirtschaftswachstum China gegenüber einem Jahr zuvor[184] plus 5,2 Prozent, USA plus 3,1 Prozent, gesamtes Euro-Gebiet plus 0,1 Prozent, Deutschland minus 0,2 Prozent, Russland plus 5,5 Prozent. Deutschlands Wirtschaftsminister Robert Habeck sieht laut FAZ vom 16. Februar „den perfekten Sturm", der sich über Deutschland zusammenbraue, bezeichnet die Lage als „dramatisch schlecht" und kommt zumindest öffentlich nicht ansatzweise auf den naheliegenden Gedanken, dass das etwas mit dem Kurs auf Sanktionen und Aufrüstung zu tun hat, den sein Land unter Führung auch von ihm als Vizekanzler seit Februar 2022 einschlug.

Zwei in diesem Buch herausgearbeitete Trends allerdings haben sich in einer Weise beschleunigt, die befürchten lässt, dass das Buch durch eine Zuspitzung der Ereignisse bald überholt sein könnte wie alle Bücher, die sich vor dem August 1914 vor allem mit ökonomischen Fragen der Entwicklungsunterschiede zwischen den damaligen imperialistischen Hauptmächten befasst

---

184 jeweils die "latest" verfügbaren Daten

hatten und dann mit Beginn des Ersten Weltkrieges von den Flammen dieses Krieges zu geistiger Asche verwandelt wurden.

Der eine Trend ist zumindest aus deutscher Sicht nicht ganz so dramatisch, sondern einfach nur wahnsinnig. Monat für Monat wird deutlicher, dass sich der technologische Abstand zwischen China und dem einstigen Export- und auf vielen Gebieten auch Technologie-Weltmeister Deutschland vergrößert. Nehmen wir die letzte Ausgabe der FAZ vor dem Osterfest 2024.[185] Sie trägt vorne auf S. 1 ein biblisches Bild mit der Schlagzeile „Wir wollen hoffen". Auf S. 24 aber schreibt das Blatt in der Rubrik „Unternehmen" auf fünf Spalten vom Niedergang der Solarindustrie: „Meyer Burger macht Fabrik in Sachsen dicht – Zu große Übermacht für das Schweizer Solarunternehmen: Die Kündigungen sind verschickt, 400 Beschäftigte müssen gehen ...". Viele werden, heißt es weiter, wohl in die USA abwandern, weil dort, anders als in Deutschland, noch der Wille existierte, den Wettbewerb mit den chinesischen Firmen weiter durchzuhalten. Den selben Umfang hat ein Artikel auf der nächsten Seite – Schlagzeile: „Smartphone-Riese baut jetzt Autos – Zehn Milliarden Dollar steckt Xiaomi in sein Autoabenteuer. Jetzt starten die Chinesen den Verkauf – für Tesla, Nio und deutsche Hersteller wird die Konkurrenz noch schärfer."

Dies ist kein Buch über Systemkonkurrenz. Dennoch sei angemerkt: Das sind Ausprägungen eines Prozesses, dessen wesentlichen Kern Karl Marx im Vorwort zur Kritik der Politischen Ökonomie schon 1859 vorausgesehen hat: Die im Wertewesten vorherrschende Eigentumsform erweist sich gegenüber der unter Führung der Kommunistischen Partei in China entwickelten als eine „Fessel" für die Entwicklung der Produktivkräfte.[186] Die alten, früher führenden Mächte bleiben zurück gegenüber den neuen – wie das weiter feudalistische Frankreich im 18. Jahrhundert gegenüber dem kapitalistischen England zurückblieb. „Mit der Veränderung der ökonomischen Grundlage wälzt sich der ganze ungeheure Überbau langsamer oder rascher um"[187] – nur dass diese Umwälzung anders als vor ein paar hundert Jahren nicht auf nationaler, sondern auf globaler Ebene geschieht.

Das ist im Grunde alles. Dramatisch wird dies allerdings dadurch, dass sich die Herrschenden der abtretenden Formation ähnlich wie die Feudal-

185 FAZ, 30.03.2024
186 Marx Engels Werke (MEW), Band 3, Berlin 1975, S. 8 und 9
187 ebenda, S. 9

herren im vorrevolutionären Frankreich ihrem Schicksal nicht beugen wollen, sondern versuchen, durch Einsatz ihrer Militärmittel den Trend in letzter Minute in eine andere als die von den ökonomischen Strömungen vorgezeichnete Richtung zu lenken. Das ist im ersten Quartal vor allem an zwei Trends deutlich geworden.

Zum einen stehen die herrschenden Kreise in der EU und Deutschland kurz vor der Schwelle, die Grundwerte ihrer eigenen eigentumszentrierten Ordnung für den Kampf gegen Russland über Bord zu werfen. Anfang des Jahres liebäugelte die deutsche Regierung öffentlich damit, den russischen Konzern Rosneft, der weiterhin die Mehrheit der Aktien am Petrochemischen Kombinat (PCK) in Schwedt hält, zu enteignen. Sie hätten damit vermutlich eine Welle von Konterenteignungen in Russland ausgelöst und – wohl weit schlimmer – deutlich gemacht, dass für niemanden in Zukunft Investitionen in deutsche Industrieanlagen vor dem Zugriff des einmal losgelassenen deutschen Staates sicher sind. Die Angst vor dem qualitativen Sprung von Sanktionen in offene Enteignungsschlachten ist so groß, dass sie zum Investitionshindernis auch für den deutschen Kapitalexport zu werden beginnt. So schrieb die FAZ bereits am 10. November 2023 in einem Artikel über die Exportausrichtung der deutschen Wirtschaft düster: „Sehr eindrücklich wirkt das Beispiel der seinerzeit bedeutenden Direktinvestitionen deutscher Unternehmen im Kaiserreich, die im Ersten Weltkrieg überwiegend von den deutschen Kriegsgegnern beschlagnahmt wurden und verloren waren."

Die gravierenden internationalen Folgen des rücksichtslosen Niedertrampelns der von ihnen selbst ständig beschworenen heiligen Grundsätze des Eigentums lässt die besagten Kreise auch noch vor einem Tabu zurückschrecken, das gleichwohl im ganzen ersten Quartal 2024 öffentlich debattiert wurde: Die Beschlagnahmung der vom Westen gegen alles Völkerrecht eingefrorenen Einlagen der russischen Zentralbank auf Konten europäischer Institute. Am 31. Januar 2024 meldete die FAZ, es habe im Kreis der EU-Botschafter einen „einstimmigen Beschluss" gegeben, die Zinsen aus diesen Guthaben (es handelt sich um rund 200 Milliarden Euro) „auf ein Sperrkonto (zu) übertragen und zu einem noch nicht bestimmten Zeitpunkt der Ukraine zur Verfügung zu stellen." Das alles müsse aber „vor einer endgültigen Entscheidung noch juristisch geprüft werden." Da hilft keine Paragraphenakrobatik: Das ist Diebstahl und funktioniert historisch nur im Falle von Kriegen, die der Dieb gewinnt und dadurch ohne Strafe davonkommt.

So verknüpft sich mit unerbittlicher innerer Logik die Frage der Sanktionen immer mehr mit der Frage des Krieges. Es ist daher nichts von den Sanktionen Getrenntes, sondern etwas unheilvoll Symbiotisches, dass zeitgleich zu einer fast verzweifelten Intensivierung des Sanktionsregimes die materielle und psychische Kriegsvorbereitung beschleunigt wird. Der deutsche Kriegsminister Boris Pistorius forderte am 30. Oktober 2023: „Wir müssen kriegstüchtig werden". Das war nicht nur so dahingesagt. Seitdem wird die Aufrüstung forciert, lassen sich Kanzler und Minister bei Spatenstichen für Rüstungsbetriebe fotografieren[188], werden „lustige" Spots gedreht, um Schülern die Lieferung von deutschen Marschflugkörpern gegen Russland schmackhaft zu machen. Seitdem wird von den die Kriegstrommeln schlagenden Medien die Regierung gelobt, die einen Plan für die innere Mobilmachung vorlegte. Originalton des WELT-Nachrichtensenders vom 27. Januar 2024: „Operationsplan Deutschland: Soldaten schneller an die Ostfront, Soldaten an wichtigen Straßen, Städten, Bahnhöfen stationieren, Unterstützung des Militärs und der Versorgung durch Unternehmen, Freiwilligendienst für Bürger". In fünf bis acht Jahren, so Pistorius und die ihn tragenden Kräfte, solle Deutschland kriegsfähig sein. Operation Barbarossa II ist damit auf das Jahr 2030 terminiert.

„Die letzten 500 Jahre", schrieb der israelische Historiker Yuval Noah Harari im Jahre 2011, hätten eine „atemberatende Serie von Revolutionen gesehen. Die Erde ist zu einer einzigen ökologischen und historischen Sphäre vereinigt worden. Die Ökonomie ist exponentiell gewachsen und die Menschheit genießt heute ein Ausmaß an Wohlstand, das früher der Stoff für Märchen war. Wissenschaft und die industrielle Revolution haben der Menschheit übermenschliche Kräfte und praktisch unbegrenzte Energie gegeben."[189]

Das mag angesichts der erbitterten Kriege um den Donbass und des Massakers gegen das palästinensische Volk im Gaza-Streifen, angesichts der hochschießenden Rüstungsetats heute wie ein längst verblichenes Traumbild erscheinen, und es klingt aus der Zeit gefallen, ausgerechnet einen Israeli zum Schluss dieses Buches zu zitieren. Aber Hararis Hoffnung ist in seiner grundlegenden Richtung richtig. Wenn nicht der Wahnsinn eines Dritten Weltkrie-

---

188 Ähnliche Fototermine für Krankenhäuser gibt es seit Jahrzehnten nicht mehr, und solche beim „Rückbau" von Krankenhäusern, die ehrlich wären, wird es niemals geben.
189 Yuval Noah Harari, Sapiens – a Brief History of Mankind, London 2011, S. 421

ges die Entwicklung der Menschheit zu einer solidarischen Weltgemeinschaft stoppt, wird sich unsere Mutter Erde für alle seine Bewohnerinnen und Bewohner zu einem Ort friedlichen Zusammenlebens und der Entfaltung der Fähigkeiten jedes einzelnen Menschen entwickeln lassen.

Die vor uns liegenden ein bis zwei Jahrzehnte werden entscheidend sein für die Frage, ob diese Höherentwicklung zu einer Weltschicksalsgemeinschaft, in der die Nationen in engagierter – sicher häufig auch streitbarer – Zusammenarbeit ihre Probleme lösen, gelingt, oder ob wir alle vom Baby bis zum Greis im Feuer eines globalen Hiroshima verglühen.

Bei der Suche nach Alternativen zum Krieg werden immer wieder „Sanktionen" ins Spiel gebracht. Aber sie sind es keine Alternative zum Krieg. Sie waren es nie. Sie sind immer dann, wenn sie von den Mächtigen dieser Welt angewendet wurden, entweder Waffen im Krieg gewesen, oder sie bereiteten kriegerischen Auseinandersetzungen den Boden. Kriegs- und Sanktionsmaschinen entstammen denselben Fabriken des Schreckens. Schon vor den jüngsten dramatischen Zuspitzungen zieht die Sanktionspolitik vor allem der USA insbesondere in Afrika, Lateinamerika und Asien eine Blutspur durch die Geschichte. Die heute von den USA, der EU und Japan gegen Russland und morgen vielleicht gegen China in Stellung gebrachte Sanktionsmaschinerie muss zerbrochen werden, weil sie die Gefahr eines großen Krieges dramatisch erhöht. Sie bereitet dem Krieg durch Polarisierung, Verarmung, Verbitterung und Entfremdung zwischen den Völkern den Boden. Der Kampf gegen die Sanktionsmaschine ist ein wesentlicher Teil des Kampfes um den Frieden auf diesem Planeten.

Der Autor

Dr. Manfred Sohn, geb. 1955 in Braunschweig, ist seit seiner Schülerzeit politisch aktiv – erst als hannoverscher Kreisvorsitzender der „Soziliberalen Jugend" (SLJ), dann bei den Deutschen Jungdemokraten, den Jungsozialisten und seit 1977 beim MSB Spartakus (Vorsitzender an der Uni Göttingen). Sohn ist seit 1978 in der DKP, deren Mitglied er nach einem Intermezzo bei der Partei „Die Linke" (dort u. a. Landesvorsitzender in Niedersachsen und Fraktionsvorsitzender im Niedersächsischen Landtag) seit 2018 wieder ist. Er hat mehrere Bücher (u. a. *„Epochenbruch"* und *„Der dritte Anlauf"*) veröffentlicht und ist gegenwärtig vor allem aktiv als Autor für die Wochenzeitung *„unsere zeit"*, die Zweiwochenzeitung *„Ossietzky"* und die *„Marxistischen Blätter"*, zu deren Herausgeberkreis er gehört. Er ist Mitglied der Gewerkschaft verdi und der Naturfreunde sowie Vorsitzender der Marx-Engels-Stiftung. Sohn ist verheiratet, hat sechs Kinder und wohnt in einem kleinen Dorf im Landkreis Göttingen.